Research on How Foreign Direct Investment Influences the Performance of Chinese Firms

外商直接投资对中国企业经营绩效的影响研究

杨　超　著

上海社会科学院出版社

社科博士论文文库

总　序

　　博士生培养是一个人做学问最重要的阶段。除了在学习期间学习了大量前沿理论，还因博士研究生有着初生牛犊不怕虎的经邦济世雄心，经导师的悉心指导、大量整块时间的充分利用，以及在专家和答辩委员会意见下的进一步完善，一位学人的博士论文可能是其一生的精品，甚至有着难以逾越的高度。博士论文的学术性、创新性、规范性都是非常到位的。每一位有志于从事哲学社会科学研究的青年科研人员，都应将其博士学位论文予以公开出版，因为能有信心把博士论文公开出版，才是其今后能做好学问的底气。

　　正因如此，上海社会科学院与各地兄弟社会科学院一样，早在十多年前，就鼓励科研人员把博士论文公开出版出来，连续出版了多年"新进博士文库""博士后文库"等，在人才培养上获得了很好的效果。现在上海社会科学院出版社将出版对象扩大到全国地方社会科学院及部分高校社科领域青年博士的博士论文，这将更加有利于哲学社会科学领域优秀成果的出版。根据出版策划方案，该文库中收录的作品具有以下三个特点：

　　第一，对学术前沿有相当程度的掌握。入选文库的作者以近三年内毕业的博士为主，这些青年学子都接受了严格的学术训练，不论在概念体系上，还是在研究方法和研究框架建构上，都已有相当的规范性，对国内外本领域最新的学术文献有较全面的认知和了解。比如经济学和社会学领域的论文，大部分有数理模型分析，这说明在理论知识掌握和研究方法上，学者们越来越符合国际学术规范。

第二，立足中国实际开展学术研究。难能可贵的是，这些论文对中国的国情有相当程度的把握，立足中国改革开放过程中的重大问题，进行深入理论建构和学术研究。既体现理论创新特色，又有应用对策建议，体现了作者扎实的理论功底和把论文写在祖国大地上的信心，对构建中国学术话语体系，增强文化自信和道路自信起到了积极的推进作用。

第三，涵盖社科和人文领域。虽然是社科博士论文文库，但是人文学科的博士论文也收录不少。根据策划方案，入选论文分为当代马克思主义、经济、社会、政治、法律、历史、哲学、文学、新闻、管理以及跨学科综合等类，从文库中得以管窥中国哲学社会科学研究的巨大进步。

这套文库的出版，将为理论界学术新人的成长和向理论界推荐人才提供机会。我们还将以此为契机，成立学术委员会，对文库中选题为本学科前沿、理论或方法有创新、研究成果处于国内领先水平、有重要理论意义或现实意义、具有较好社会效益或应用价值前景的论文予以奖励。同时，建设上海社会科学院出版社学者库，不断提升出版物品质。

对文库中的全国优秀博士论文、省部级优秀博士论文、校级优秀博士论文和答辩委员会评定的优秀博士论文及获奖论文，我们将通过新媒体和新书发布会等形式，向学术界和社会大力推介，扩大学术影响力。

是为序。

上海社会科学院出版社社长、研究员

2024年1月

前　言

外商直接投资（Foreign Direct Investment，FDI）在各国经济发展中发挥重要的作用，不仅促进东道国先进技术和管理经验的引进，还加强了东道国与全球经济的联系。本书以外资进入、入境后的模式选择、外资企业再投资为视角，从微观层面为东道国企业的海外市场扩张效应、技术溢出效应以及资本累积效应提供来自中国的经验证据。首先，本书分析了跨国公司通过并购方式进入中国后，对目标企业的进出口行为、进出口产品种类、海外市场选择以及企业绩效的影响；其次，本书探讨了国内企业的生产率如何被不同外资进入模式引起的所有权结构差异影响，特别关注中外合资与外商独资对国内企业是否产生不同的技术溢出效应，以及背后的影响机制是什么；最后，本书对在华外资企业的再投资行为进行了识别，分析资本追加和撤离如何影响外资在华分支企业的经营绩效，进而为资本追加促进东道国资本累积效应的形成，以及外资技术溢出的可持续性提供新的微观证据。本书的研究对于推动中国经济发展和吸引更多外资具有重要意义。

在利用匹配结合双重差分、两阶段最小二乘回归方法有效控制内生性的方法下，本书的研究得出了以下重要发现：首先，外资通过并购进入市场后，目标企业与海外市场联系明显加强，这表现为目标企业的进口和出口概率显著增加，进出口产品种类、进出口市场的数目显著增多。此外，目标企业与海外市场的地理距离也显著增加。这些变化使得目标企业的生产率、销售额和出口收入等经营绩效显著改善。其次，跨国公司在华分支企业的模式选择和所有权结构对于技术溢出的影响显著，研究发现，中外合资模式对中国企业产生了正向的技术溢出效应，外商独资模式则表现为负向的竞争效应。通过工具变量回归进一步确认外商投资与国内企业经营绩效之间存在因果关系。再次，跨国母公司资本追加行为促进了在华资本累积效应的形成，受资本追加的分支企业展现出更高的生产率、销售收入和创新能力。这些企业的无形资产规模、研发支出、培训支出和财务流动性均显著增加。最后，当外资撤离时，分支企业的生产率、销售收入和出口额显著恶化，这种负面影响不仅在撤离当年就已显现，而且持续影响后续年份。

本书的创新点和学术贡献体现在以下几个方面：首先，本书为外商直接投资如何促进发展中国家企业融入全球市场提供了来自中国的经验证据。尽管跨国公司在全球范围内生产和销售，但关于东道国企业从跨国母公司主导的价值链中受益程度的研究相对较少，本书利用中国工业企业和海关企业的合并数据，以跨国并购为视角，填补了这一研究空白。其次，关于外商直接投资技术溢出的证据并不明确，以往研究往往忽视了外资企业的所有权结构，本书在考虑这一因素后发现，中外合资和外商独资对中国企业生产率的影响是不同的。这表明外商直接投资的正向技术溢出和负向竞争效应均存在，并为这一领域的研究提供了新的见解。再次，东道国政府往往鼓励跨国公司进行长期投资,外资企业的利润再投资是东道国吸引外资的重要组成部分,本书对跨国公司的再投资行为及其影响进行了深入研究,为再投资如何促进资本累积效应提供了证据。最后,本书从外资撤离的视角探讨外资技术溢出的持续性问题,发现外资分支企业相对于中国企业的所有权优势依赖于跨国公司的股权持有。这一发现对于理解外资技术溢出的动态过程和可持续性具有重要意义。

综上所述,本书通过深入探讨,为外商直接投资如何促进国内企业开拓海外市场和提高企业经营绩效,跨国母公司不同的投资行为如何提高或降低分支企业的经营绩效,以及不同所有权结构的外资如何促进或阻碍国内企业获得技术溢出提供了全新的视角,并在构建新发展格局、推进高水平对外开放的背景下政府制定有效地引进外资、利用外资政策,提供了理论性的指导意义和参考价值。

目 录

总　序 …………………………………………… 1
前　言 …………………………………………… 3

第一章 | 绪论

一、研究背景、概念与研究意义 …………………… 3
二、文献综述 ………………………………………… 12
三、研究思路、研究内容与研究方法 ……………… 25

第二章 | 外商直接投资在中国的发展历程与贡献

一、外商直接投资在中国的发展历程 ……………… 33
二、外资开放、竞争与本土企业全要素生产率 …… 51
三、外资开放背景下民营企业生产率 ……………… 60
四、本章小结 ………………………………………… 74

第三章 | 外资并购与目标企业海外市场扩张

一、理论分析与研究假说 …………………………… 81
二、实证设计与变量选取 …………………………… 84

三、实证检验与结果分析 …… 92
四、本章小结 …… 101

第四章 外资并购与目标企业经营绩效
一、研究背景 …… 105
二、数据、变量与实证策略 …… 107
三、实证检验与结果分析 …… 108
四、本章小结 …… 115

第五章 跨国公司资本追加的生产率效应
一、研究背景与文献综述 …… 119
二、研究假设 …… 122
三、数据、变量和实证策略 …… 124
四、实证结果分析 …… 130
五、影响机制检验 …… 136
六、本章小结 …… 139

第六章 外资撤离是否降低企业经营绩效
一、文献综述 …… 144
二、数据、变量与实证策略 …… 146
三、回归结果分析 …… 151
四、本章小结 …… 159

第七章 跨国公司进入模式、技术扩散与中国企业生产率
一、引进外资的政策背景 …… 166

二、实证方法、变量定义与数据来源 …………… 168

三、实证结果分析 ……………………………… 173

四、本章小结 …………………………………… 186

第八章 | 主要结论与政策启示

一、主要结论 …………………………………… 191

二、政策启示与研究展望 ……………………… 192

参考文献 ………………………………………… 195

第一章 | 绪 论

- 一、研究背景、概念与研究意义
- 二、文献综述
- 三、研究思路、研究内容与研究方法

一、研究背景、概念与研究意义

中国改革开放 40 多年以来,人均 GDP(国内生产总值)大幅增长,从 194 美元增长到约 1.25 万美元的中等收入国家水平。同时,中国的 GDP 年均增长速度也创下了历史新高,达到 9.5%。这种长时间持续高增长的记录在全球经济史上都非常罕见。20 世纪 80 年代以来,中国对外贸易增长的平均速度高达 15%,外资流入增长速度达到 12%。这种快速融入全球经济的趋势表明,中国正在从一个封闭的经济体走向开放,并在全球经济中扮演着越来越重要的角色。[①]

(一) 研究背景

外商直接投资在中国经济发展中的作用是总结改革开放成功经验和构建开放型经济新体制的重要课题。随着改革开放的不断深入,外资已经成为中国经济的重要组成部分,例如商务部 2017 年中国外商投资报告显示,从 2000 年到 2016 年,外资企业税收占全国税收收入的 20% 左右;2016 年,中国外商投资累计实现进出口总值为 16871 亿美元,占全国贸易总值的 45.78%。图 1-1-1 描述了中国自 20 世纪 70 年代以来,在全球和新兴国家吸引外资量所占份额的变化。由此看出,在改革开放以前,中国几乎没有外商投资,在 1980 年之后,中国在全球引进外资中的份额逐步上升,成为发展中国家(特别是金砖国家)引进外资的主力。在 20 世纪 80 年代中期和 90 年代中期,流入中国的 FDI 占金砖国家引进外资总量的 80% 以上。中国引进外资量占全球 FDI 总量的 10% 左右。

---

① 以上数据根据世界银行、联合国贸易和发展会议数据计算所得。

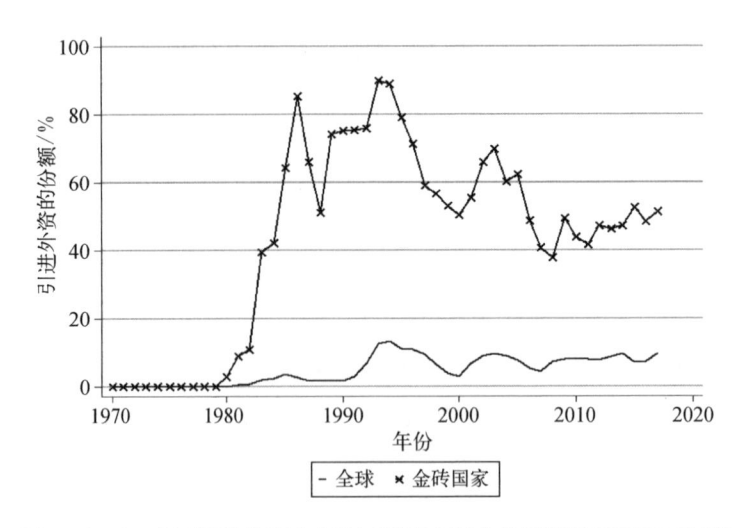

图1-1-1 中国引进外资在金砖国家和全球中的份额(UNCTAD数据)

中国成为全球最大的外商直接投资引进国,主要得益于中国不断深化的外资体制改革和营商环境的优化。图1-1-2描述了中国在世界银行最新公布的营商便利指数(Ease of Doing Business Index)的历年排名情况。中国的排名从总体上看呈不断上升的趋势,特别是2011年

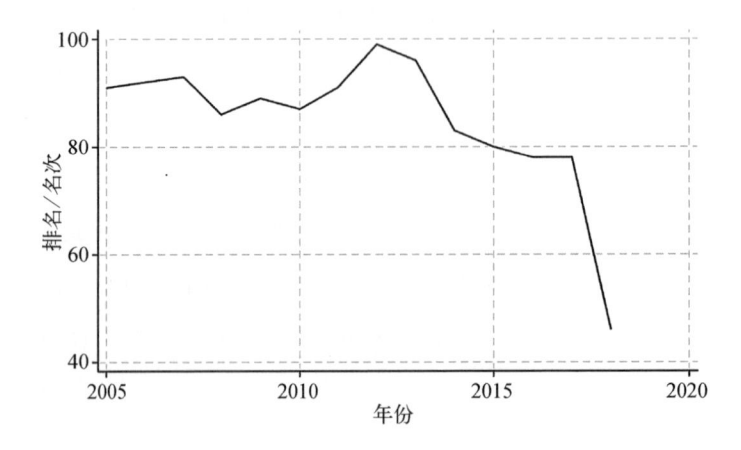

图1-1-2 中国全球营商便利指数排名(世界银行)

以后,中国营商环境在全球排名中大幅度提升。根据《2019年营商环境报告》,中国在2018年为中小企业改善营商环境实施的改革数量达到创纪录水平,全球排名从上期的第78位跃升至第46位,进入全球经济体排名前50。

同时,随着国内产业向外资放宽市场准入的不断推进,外资可以进入的行业范围逐步扩大。图1-1-3描述了历年《外商投资产业指导目录》(以下简称《目录》)中限制类行业数目的变化趋势。1997年到2018年,限制类行业数目从143个下降至35个。其中,2002年和2015年的改革幅度较大,2002年版本的《目录》相比1997年版本,限制类行业下降至85个,降幅约40%,而2015年版本的《目录》与2011年相比,限制类行业下降至38个,降幅为52%。随着《外商投资准入特别管理措施(负面清单)(2018年版)》的落实,中国逐步取消外资在银行、证券及汽车制造等行业的市场准入限制。这些举措吸引了更多的跨国公司进入中国,并对在华外资企业的投资行为和空间布局产生重要影响。

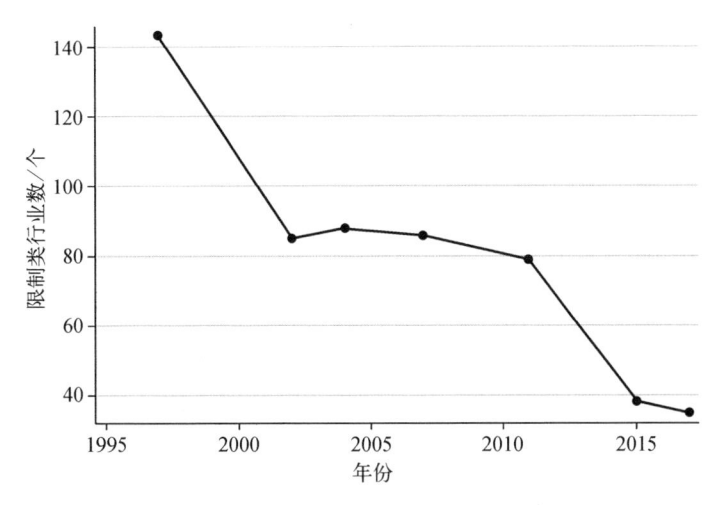

图1-1-3 限制类行业数目变化趋势

中国成为全球主要 FDI 引进国的另一个因素，是中国企业的国际竞争力在不断上升。图 1-1-4(a) 描述的是 1998—2017 年中国全部国有及规模以上非国有工业企业数量，从 1998 年的 16.5 万多家上升到 2017 年 37.2 万家，增幅约 125%。一方面，这说明了中国的市场制度和营商环境的逐渐完善促进了新企业不断进入市场。另一方面，这证明了中国市场规模扩大可以容纳更多企业发展。图 1-1-4(b) 是中国总出口和制造业出口占全球出口的比例。中国出口的全球市场占有率从 0.8% 上升到 12.8%。即使去除非制造业出口，全球市场占有率也几乎没有变化，这表明中国制造业的出口竞争力在不断增强。

(a) 国有及规模以上非国有工业企业总数

(b) 中国出口的全球市场占有率

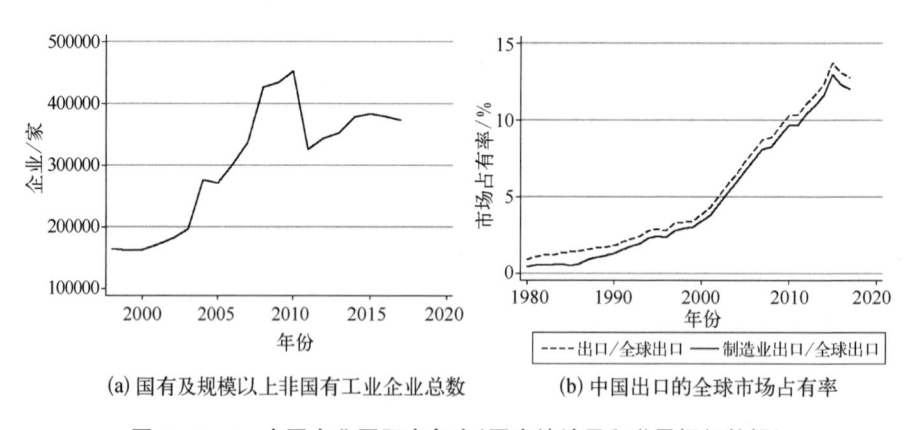

图 1-1-4　中国企业国际竞争力（国家统计局和世界银行数据）

中国企业国际竞争力的提升，主要来自中国自主研发、本土创新能力的增强，并且与引进、学习和消化外资技术息息相关。中国高铁便是"引进来"和"走出去"的成功案例。中国生产第一代高铁动车组时，需要引进自动控制系统和关键零部件，当时国内专注于解决高铁生产和组装的问题，缺乏自主创新。然而当中国生产第二代高铁时，中国已实现了全面创新，不仅外形设计充满中国元素，且风阻系数全面优于国外的动车组列车。2010年,美国戴维斯律师事务所与美国知识产权局的评估结果显示,中国高铁拥有完全自主知识产权。①

中国高铁这样的成功案例在中国发展40多年来并不是独一例,各行各业都涌现出像华为、海尔等国际知名企业。这与中国改革开放,引进外资并促进国内企业向外学习有关。改革开放初期,中国政府先后在深圳市、汕头市、珠海市、厦门市和海南省建立了5个经济特区,大力引进以从事加工贸易为主的外商直接投资,这为东南沿海地区产业起步、发展、升级以及体制创新奠定了基础。中国政府于20世纪80年代提出"市场换技术",其主要目标是通过开放国内市场,鼓励外资与国内投资者组建合资企业,引导外资企业的技术转移,通过消化吸收,最终形成我国自主研发能力。这些政策举措为国内企业带来了大量的技术学习机会,并提高了我国技术创新水平。

中国出口不仅在数量上有所增加,而且中国产品的国内含量(domestic content)也变得更加密集。研究表明,中国企业在从事劳动密集型加工贸易的同时,技术水平也在不断提升(Kee et al.,2016)。这显示出中国企业正在逐步摆脱低附加值的加工模式,向更高技术含量的领域发展。中国出口量的显著提升,在很大程度上得益于中国企业融入由跨国公司主导的供应链网络,这意味着中国企业已经成为跨国公司在全球生产销售布局中的重要组成部分。通过与跨国公司合作,中国企业获得了更多的订单和市场份额。中国出口质的提升得益于外资经济与内资经济的良好互动。这表明外国投资在中国经济中发挥了积极作用,通过与外资企业的合作,国内企业得以提升自身研发能力和市场竞争力,进而拓展海外销售渠道。

本书从外资入境(外资并购)和入境后(模式选择、再投资行为)两个节点研究外商直接投资对在华企业的影响。基于文献研究,笔者发现,应

---

① 人民网:《我们引以为傲的高铁,原来是中国制造业最大痛点?》,2018年2月8日,http://ip.people.com.cn/n1/2018/0208/c179663-29813723.html。

在以下几个层面更好地理解外商直接投资如何促进中国企业出口增长及技术的持续进步：

1. 跨国公司的供应链网络如何改变中国企业的贸易行为？
2. 跨国公司在东道国的再投资行为如何影响分支企业的绩效？
3. 强制或鼓励外国投资者与国内企业组建中外合资企业是否带来了技术溢出？

对于第一个问题，相关文献着重强调了外商直接投资所带来的技术溢出和无形资产转移效应，这类研究认为外国资本在东道国的存在具有正外部性，会促进国内企业吸收外国先进技术。本书与这类文献的区别之处是，本书聚焦于跨国公司商业网络扩张对东道国企业的深远影响，特别是当外资以并购的方式进入东道国，将国内企业纳入跨国公司的全球供应链体系之中时，目标企业的贸易行为将发生怎样的转变、其市场地理范围又将如何拓展，以及企业绩效将受到何种影响，这些是本书的核心问题。

第二个问题的重要性在两个层面：首先，跨国公司将利润留存中国国内，以增加后续投资，如果再投资被认为是外资政策设计的重要部分，那么这样做的意义是什么；其次，外资撤离作为跨国公司的再投资行为，是否应该引起本国政府的警惕，外资撤离无疑会对国内企业绩效产生影响，政府需要了解这种影响的机制是什么。

第三个问题关系到与"市场换技术"相关的外资政策的成效问题，特别是中外合资是否带来了技术溢出？如果合资确实有利于国内企业的发展，那么背后的原因是什么？

以上三个问题对理解外商直接投资和企业绩效之间的关系提供了新的视角。三个问题的逻辑关系是：第一和第二个问题是"跨境"问题，也就是说，跨国母公司的并购、再投资都属于商业网络的延展和拓宽，纯内资受到的影响较为间接；第三个问题是"跨所有权"问题，关系到内资企业是否获得技术的溢出，其影响更为直接。

(二) 概念定义

本书主要概念有五个：外资进入、市场选择、外资进入模式、再投资行为和企业经营绩效。

外资进入 外资进入指跨国公司从中国境外到中国国内的资本流动过程。外资进入可以通过并购当地企业和绿地投资两种方式，本书只研究外资以并购方式进入中国后对目标企业在多个绩效层面的影响。本书利用工业企业数据库中企业的登记注册信息和外资实收资本信息来判断国内企业是否受到跨国公司的并购。

市场选择 当跨国公司以并购的方式进入东道国后，目标企业将逐渐融入跨国公司的供应网络。在这一过程中，目标企业的进出口市场、国家和地区的调整以及销售收入在国内和国际市场的分配，都是其市场选择的重要体现。本书关于市场选择的探讨集中于两个方面：一是进出口所涉及的国家、地区及市场数目的变化；二是进出口市场地理距离的改变。

外资进入模式 外资进入模式采用薛求知(2008)、邱立成(2003)等人的定义。外资进入模式特指外资入境中国后的投资模式选择，例如选择与当地企业合资还是独资经营。这种划分的目的在于探究不同外商投资模式是否对国内企业产生的竞争或技术溢出效应存在差异。

再投资行为 跨国公司再投资行为包括跨国公司的资本追加和资本撤离两类。资本追加指的是跨国公司从母公司获得更多的资本，或者将营业利润进行再投资，以扩大外资分支企业的生产规模。依据商务部的调查数据，中国每年实际使用的外资金额中有1/3来自外商企业的资本再投资。[1] 资

---

[1] 《国际商报》:《商务部：实际利用外资金额1/3来自利润再投资》,2007年8月28日,http://finance.sina.com.cn/g/20070828/09533924450.shtml。

本撤离指跨国母公司将子公司抛售给东道国企业的过程。与外资并购的识别方式相似，本书主要从企业注册类型和外资实收资本的改变来判断企业是否经历了外资撤离。

企业经营绩效 使用全要素生产率（TFP）、销售额、出口额、劳动生产率等衡量企业经营绩效。主要采用两种方法来计算全要素生产率，第一是采用李文森等人（Levinsohn et al.，2003）提出的半参数法，该方法对传统的索洛余值所引起的反向因果关系和选择性偏误问题加以改进，使用中间产品投入作为不可观测生产率冲击的代理变量，这是目前学术界普遍计算 TFP 的方法。首先，为了具体估计企业全要素生产率，应采用增加值、雇佣人数、固定资产水平和中间投入水平等指标；第二是采用奥利等人（Olley et al.，1996）提出的计算方法，该方法的关键是假设上一期的生产率会影响下一期的投资决定，通过这一假设将不可观测的生产率写成企业投资的反函数，具体可参阅余淼杰（2010）的相关文献，其中对于该方法进行了详细的描述和解读。

（三）研究意义

本书的学术价值在于借助中国制造业企业层面数据，对跨国公司投资行为和模式选择如何影响目标企业的海外市场参与、市场选择以及经营绩效进行了研究，为无形资产（技术、管理经验）跨境及跨所有权转移提供了微观证据。本书将跨国公司的投资行为分为并购、资本追加和资本撤离三个部分，相比其他文献，本书从更长远的角度看待外资进入及其影响。关于跨国并购的企业层面研究，本书突出跨国公司商业网络的作用，即并购为目标企业带来了数目更多、范围更广的海外市场，这说明目标企业加入跨国公司供应网络后，相对其他企业而言，具有更便捷的信息渠道，进而减少了贸易参与成本。

第一章 | 绪论

资本追加和资本撤离是外资入境后的投资行为,这反映了跨国公司对于中国在其全球战略布局中的定位调整。对于这类再投资行为的研究具有两个方面的理论意义:一是资本追加对于东道国有何意义?二是外资在中国的所有权优势是否依赖于跨国公司的股权持有?跨国公司的模式选择在一些行业完全由利润最大化的目标所驱动,但在另一些行业并非如此(比如汽车行业)。那么,外资政策中要求外资在某些行业强制与中国企业设立合资企业是否促进了中国企业的发展?中外合资和外商独资对于中国企业的技术溢出有何差异?

以上的研究视角有助于更详细地理解跨国公司如何影响中国企业的经营绩效,并对总结引进外资的经验教训以及认清外资政策的实施效果具有重要的意义。

本书的实践价值在于为外资的引进如何影响企业生产率、进出口市场的调整以及资本累积效应提供证据,具有几个方面的政策含义。

第一,中国改革开放40多年来,"引进来"政策和方针促进了外资流入中国,跨国公司通过在中国设立分支企业,使中国成为其全球生产的一个环节,中国经济与世界经济的联系程度更加紧密。本书为中国企业如何融入跨国公司的生产网络提供了微观证据,体现出"价值链友好型"外资政策对于中国经济的重要性。

第二,本书对于跨国公司入境后的投资行为及其对分支企业经营绩效影响的研究具有两点政策含义:首先,鼓励跨国公司保留利润对国内分支企业进行再投资,有利于资本累积效应的形成。从实证结果上看,受到跨国公司资本追加的企业具有更多的研发和培训支出,这说明跨国公司资本追加对于国内的创新行为和人力资本培养具有重要意义;其次,随着中国劳动力成本的上升,以及国际经贸关系不确定性的增加,跨国公司从中国撤出投资的现象也时有发生。新时期外资政策应该关注外资撤离从微观层面如何影响中国经济及其背后的机制问题,而随着中国经济的不断发展,中国很可能成为外国资本"大出大进"的经济体。改革开放以来,中国已经经历资本"大进"时期,而关于外资撤离及其后果,目前文献关注较少,因此,本书在此方向上将作一个量化分析,为求对新一轮外资政策制定产生一定的参考意义。

第三,对于跨国公司进入模式的研究有助于对"市场换技术"政策进行评估。随着中国经济体量的扩大,中国主要贸易伙伴对于中国的政策具有较多的关切,美国等发达国家重点关注一些行业强制实行的合资政策。例如美国特朗普政府要求放开市场准入、遵循贸易对等原则。因此,中国的股比限制的规定随着中国不断开放而退出政策舞台。然而,本书将对股比限制政策是否带来了国外的技术,是否取得了预期的效果提供经验证据,另外本书的研究发现将为外资政策改革和最优外资政策的制定提供必要的政策启发。

二、文献综述

(一)外商直接投资与东道国企业贸易行为

跨国公司至少在两个国家或地区进行生产和销售,引进外资不仅仅是引进技术和资本,还引进了跨国公司主导的全球供应网络,对于东道国出口贸易的发展具有重要的推动作用(Zhang et al., 2001)。统计数据显示,近30年来,外资企业出口贸易一直占据中国出口总量的半壁江山。对于中国而言,需要思考跨国公司的贸易行为是否具有外溢效应?引进外资是否具有帮助本土企业增加出口,甚至进口的作用?跨国公司进入是如何加强本土企业与国际市场联系的?

对以上问题,相关文献做了广泛的研究。一类文献发现在各个国家的企业数据中,有较少的一部分企业是出口商,原因是企业从服务国内市场到开始出口的过程中会面临一定的固定成本,只有生产率更高的企业才能克服此问题(Bernard et al.,1999;Melitz,2003)。而固定成本来源于前期的信息搜寻,例如海外市场的消费者偏好、对特定产品的市场需求等调研,或者来源于企业自身能力的培养(如企业研发、员工培训等)及运输费用等成本。东道国引进外资是否有助于原来不出口的企业开始出口呢？或者本土企业是否会模仿外资企业,进而克服自身所面对的信息不对称呢？格林纳威等人(Greenaway et al.,2004)认为外商直接投资在东道国有助于缓解国内企业对国际市场的信息闭塞问题,英国企业数据表现出外资商业存在对英国本土企业出口决定和海外市场选择有重要的影响;艾特肯等人(Aitken et al.,1999)从墨西哥制造业数据中发现,墨西哥的跨国公司有助于降低本土企业海外市场参与成本,并且地区整体的出口活动和特殊行业的聚集均对企业的出口具有重要的预测作用。刘慧(2018)、周康(2015)等人在中国工业企业和海关的结合数据中研究发现,出口企业在某个地区的聚集促进了企业的海外扩张,这说明出口企业的海外市场、产品信息对非出口企业具有一定的信息溢出作用。中国最早的出口商是跨国公司的分支企业,大量的出口企业都与引进外资息息相关。卡玛尔等人(Kamal et al.,2016)从美国海关交易数据中发现,孟加拉国向美国出口越频繁的地区,它们相邻企业与美国进口商实现买卖商业匹配的可能性越大。

另外的一部分文献是从商业联系和供应网络的角度来解释跨国公司对于国际贸易的影响。艾姆林格等人(Emlinger et al.,2014)从法国食品行业数据中研究发现,当跨国公司在东道国设立部分零售机构时,法国食品业出口显著增加,这说明当跨国公司的商业网络扩张时,本国企业的出口也会随之扩张。对于发展中国家而言,更重要的问题是该零售机构的商业存在是否也有助于本国产品对外销售;海德等人(Head et al.,2014)

发现国际知名零售商,如沃尔玛、家乐福、乐购,进入中国后在各个城市形成不同的商业活动密度,活动密度越高的城市对零售商本部所在地的国家出口相对越多。根据以上两类研究,可以判断跨国公司的商业网络对于国际贸易的推动是一个双向的过程,会促进东道国与跨国公司母国的贸易往来。

跨国公司商业网络的扩张如何有助于推动进出口贸易的发展呢?部分文献依旧从信息不对称、贸易成本和能力建设等角度进行解释。信息不对称来源于国外市场对于东道国产品质量和可信度的质疑(Rauch et al.,2003;Kogut et al.,1994),而跨国零售商可以帮助东道国企业缓解信息不对称引起的市场参与成本过高的问题。另外,国外采购商也同样产生信息溢出效应,向已经进入东道国的跨国零售商学习,识别东道国高质量的供应商,进而促进东道国企业的出口(Head et al.,2014)。另外,跨国公司的商业网络扩张对于东道国企业的管理提出了高要求,使得当地企业投入更多的资源提高自己的管理模式,例如提高企业的生产效率、改善进关、入关等海关步骤、帮助企业引进更高质量的中间投入品等,进而提高了企业的竞争力(Javorcik et al.,2013)。

(二) 外资并购与企业经营绩效

阿诺德(Arnold et al.,2009)、刘(Liu et al.,2017)、科尼恩(Conyon et al.,2002)、吉尔玛(Girma et al.,2007)等人发现,当跨国公司收购当地企业的部分或全部股权时,被收购企业的全要素生产率、销售额等绩效指标均显著提高,例如在阿诺德等人(Arnold et al.,2009)的研究中,印度尼西亚企业受外资并购后,生产率在3年后比对照组企业提高13.5%。而哈里斯(Harris et al.,2003)和本弗雷特洛(Benfratello et al.,2006)等人分别使用英国和意大利的企业数据进行研究,发现跨国公司在并购对象的选择上倾向于拥有更高生产率的当地企业，但外国资本的参与并没有在整体上提高企业的绩效，这类文献认为外国并购方的技术水平是影响目标企业后续经营绩效的重要因素，如果双方技术水平相近，那么被投资的企业可能不会有显著的生产率增长。

中国学者对外国资本并购如何促进国内企业生产率的提高进行了研究，但结论尚不明确。蒋殿春等人（2018）从微观制造业数据研究中发现，外资并购具有很强的选择性，倾向于并购拥有更高生产率、规模更大的内资企业。在控制内生性的前提下，本书发现外资并购对于企业生产率的提升具有一定的持续性，并购后的第二年生产率提升14%。吕若思等人（2017）发现外资并购整体促进了以全要素生产率、工业增加值和税前利润代表的企业绩效，但这些影响具有异质性，并且与并购方的技术来源地有关，特别是来自经合组织国家的收购方对于目标企业的绩效提升具有促进作用。然而也有研究认为外资并购的生产率效应并不显著，俞萍萍等人（2014）从中国制造业企业数据研究中发现，外资并购的效果和企业的研发密集程度与企业所在地区有关，目标企业的研发密集程度越高，生产率提升得也越快，这说明研发促进了企业技术吸收能力的提升。另外，孙一平等人（2014）侧重于研究外资并购对劳动力市场的影响，该研究发现外资并购的就业效应主要体现在产业内的间接就业效应，而对目标企业增加就业岗位的影响并不大；如果目标企业的雇佣规模较小，那么并购产生的就业创造效应会更加显著。

关于影响机制的研究可以分为以下几类：第一，接受外国资本后的东道国企业可以享受跨国公司的供应链网络，促进东道国企业融入国外市场。例如，阿诺德等人（Arnold et al., 2009）发现企业跨国并购后，其出口和进口额均显著提高，企业不仅拥有更大的销售市场，而且生产投入中间品的选择范围也更大。第二，跨国公司获得部分或全部的股权后，母公司会向分支企业派送管理团队，以效率更高的方式进行管理。周（Cho,

2018)认为企业的管理团队是最重要的无形资产,该研究发现大多数韩国公司都会向海外分支机构派出管理团体,而且该团队的规模与分支企业生产率具有因果关系。第三,外国资本的参与将会提升资源配置效率,这既可能源于专有资产的互补性(Norback et al.,2007;Bertrand et al.,2012),也可能源于规模经济的效率提升(Bertrand et al.,2012)。第四,从融资约束的角度看,外商直接投资缓解了发展中国家企业融资难的问题(Héricourt et al.,2009;孙灵燕 等,2012;冼国明 等,2010)。林等人(Lin et al.,2018)发现跨国公司会通过应收和应付账款的方式向东道国企业提供融资。

相比现有文献,本书通过结合工业企业数据和海关数据,研究外资通过并购方式进入中国后,其分支企业对于贸易行为、海外市场范围、距离等方面的调整。因此,本书从跨国公司的商业网络扩展至中国的角度出发,探讨企业如何利用跨国公司的全球供应链参与国际贸易,为中国出口的快速增长和发展提供新的解释。

(三) 跨国公司再投资行为

跨国公司的再投资行为指的是外资企业进入东道国后,母公司对分支企业的投资行为。本书依据资本的流向,将再投资分为两类:第一是跨国母公司对其在东道国分支企业的追加投资,第二是跨国母公司将分支企业抛售,并撤出在东道国的资本。

布鲁尔(Brewer,1993)将 FDI 细分为首次投资、利润的再投资(reinvested earnings)和企业间债务投资,并研究不同类型 FDI 的进入是否受东道国商业环境、金融发展等因素的影响,进而发现首次投资和利润再投资对东道国的各类制度环境具有不同的反应。阿兰等人(Alan et al.,1993)从美国跨国公司的全球投资数据中,同样发现了类似的规律。

第一章 | 绪论

根据美国的调查数据,资本再投资已成为其跨国公司海外投资的重要组成部分,1995年到2006年,利润再投资在所有海外投资中占比约为53%,2007年资本再投资占据了对外投资总额的75%(Kerner et al.,2014)。然而,国际经济学和国际商务领域的文献对此研究较少,特别是关于跨国公司如何处理海外分支企业的利润,即决定将赚取的利润继续留在海外分支企业扩大投资,还是转移到跨国公司总部,这一决定背后所考虑的因素有哪些,以及这些因素在不同时间段的角色变化是怎样的,经济学对此研究还不够(Ludan,2006)。从跨国公司总部的角度来看,资本再投资应该选择进入具有良好增长前景的分支机构,首先考虑的因素是东道国的市场发展潜力,如GDP的增长趋势和人口规模和结构(Buckley et al.,2001);资本再投资决策与跨国公司所处行业有关,关于东道国市场潜力是鼓励利润再投资还是转移利润,目前还没有足够的经验证据(Ludan,2006)。除此之外,科匹茨(Kopits,1972)认为跨国母公司会综合考虑各东道国分支企业的发展情况,利润再投资的决策由最优的资本结构所决定。

以上文献从不同角度研究跨国公司再投资的影响因素,而本书从东道国视角出发,研究跨国公司再投资行为如何影响分支企业的生产率水平、研发和员工培训支出以及无形资产的规模,进而为资本再投资的资本累积效应提供微观证据。

跨国公司"总部"与"海外分支"的商业联系是维持该所有权优势的关键,跨国企业并购后,该商业联系得以建立,母公司以较低的成本将重要的无形资产跨境转移到分支企业,跨国公司成为全球技术扩散的重要载体(Arkolakis et al.,2018)。然而,外资参与是否会对东道国企业的技术水平产生根本性的改变,当外资撤离后,原企业是否仍能保持较高的生产率水平?雅沃尔奇克等人(Javorcik et al.,2017)发现外资企业生产率优势依赖外资的股权持有,该研究利用印度尼西亚的企业层面数据发现外资撤离使得企业的生产率相比股权状态未发生变化的外资企业下降3.8%,且负面影响持续到撤资的第2年和第3年。外资撤离的最直接后果是分支企业脱离跨国公司所主导的全球商业网络,最先表现为企业出口收入的下降(Javorcik et al.,2017)。目前国内有关外资撤离的研究较少,苑生龙(2017)认为近些年国内出现的部分外资撤离现象不具长期性,是当前存量调整、产业结构优化升级的必然过程。相比于既有文献,本书利用中国的工业企业数据的详细财务数据,从多个角度研究外资撤离对企业的影响,并研究外资撤离影响企业绩效的机制。

(四) 外资进入、模式选择与技术溢出

现有文献从不同角度对中国 FDI 和 FDI 在不同国家的溢出效应进行了广泛研究,但也没有得到一致的结论,很少有文献从外资所有权结构角度进行研究。

艾特肯等人(Aitken et al.,1999)在委内瑞拉的企业数据中发现 FDI 对当地企业产生负面的溢出效应;康宁斯(Konings,2001)通过对波兰、保加利亚和罗马尼亚三国企业数据研究,其发现外资对稍显落后的保加利亚和罗马尼亚的内资企业产生显著负面的溢出效应,而对发展程度稍发达一些的波兰来说,负面的溢出效应并不明显;哈斯科尔等人(Haskel et al.,2007)利用英国的企业层面数据,发现内资企业受益于行业内和区域内的 FDI;凯勒等人(Keller et al.,2009)利用美国企业数据,发现 FDI 对内资企业生产率提升的贡献率约为 11%;布兰斯特(Branstetter,2006)发现在美投资的日本企业对美国当地企业具有正面的知识溢出效应。西奈等人(Sinai et al.,2004)使用爱沙尼亚的数据研究发现,外资是否产生技术溢出很大程度上与其特征相关,与当地企业的特征也有关,这一论点并不是肯定性的。因此,这些研究表明 FDI 在不同国家具有差异

效果。

这些研究都没有考虑合资 FDI 在技术溢出上的特殊作用,唯一例外是雅沃尔奇克等人(Javorcik et al.,2008)从罗马尼亚数据中发现合资 FDI 比独资 FDI 更具有行业间和行业内正向溢出效应,但无法判断 FDI 变量和东道国企业生产率之间是否具有因果关系,而变量之间的影响机制也并不清楚。

对于中国的研究涵盖了来自不同行业、不同来源地区的外资所产生的技术溢出效应。例如,一些文献针对特定的行业进行研究,胡(Hu et al.,2002)、李晓钟(2009)等人对电子制造业、服装业的实证研究,发现 FDI 对不同的行业具有不同的溢出效应;陈颂等人(2019)认为不同行业中,内资与外资的技术相似度差异较大,而当二者在行业内或行业间使用的技术相近或者技术关联度较高的情形下,外资才能产生显著的溢出效应;同时,赖明勇(2005)、薛求知(2006)、罗雨泽(2007)、谢建国(2007)、钟昌标(2010)及庞兰心(2019)等人探讨了影响 FDI 溢出效应的因素,发现中国企业的吸收能力、地区制度发展和空间距离是影响技术溢出的关键;亓朋(2008)、刘青(2013)等人对 FDI 溢出效应的渠道和产生方式进行了研究,发现人力资本流动是溢出效应产生的重要渠道。另外,从关于不同来源地 FDI 的研究中发现,来源于 OECD 国家的 FDI 带来正向技术溢出(Buckley et al.,2002;Lin et al.,2009),但关于中国港澳台地区 FDI 的溢出效应研究,可能由于数据结构或计量方法的不同得出了截然相反的结论,例如平新乔等人(2007)发现来自中国港澳台地区的投资对于中国大陆(内地)企业存在正面的技术溢出效应,而有研究发现中国港澳台地区的 FDI 对中国大陆(内地)企业的溢出效应并不显著,甚至可能是负面的(Buckley et al.,2002;Lin et al.,2009)。

还有一类研究是关注外资进入对于东道国专利(蒋仁爱 等,2019)、区域创新能力(Cheung et al.,2004;薛婧 等,2019)、城市基础设施(李德

刚 等,2017)、劳动力市场(包群 等,2008,2009;李磊 等,2018)、企业利润率和附加值(刘灿雷 等,2018;毛其淋 等,2018;Haller,2009)、贸易福利(孙浦阳 等,2018)以及中国环境(盛斌 等,2012)的影响,基本结论是外资进入对于中国的创新能力和基础设施具有明显的改善作用,这说明外资的进入和商业存在对于东道国的影响是多方面的。

  这些文献的普通结论是,溢出效应并非必然且普遍存在。这些研究都没有考虑外资的所有权结构,因此得出了各不相同的结论。本研究表明,外资所有权结构是决定溢出效应的重要因素,不同所有权结构的 FDI 具有完全不同的溢出效应,如果忽略所有权结构将会给溢出效应的估计带来误差。

  关于外资的进入模式研究多集中于从理论层面解释外资选择特定所有权结构的原因,并在实证上检验影响外资模式选择的外部因素,而关于外资所有权结构是否会影响本土企业生产率,则关注较少。例如在投资模式的选择上,交易成本理论认为,由于跨国公司持有技术、品牌等无形资产,进入东道国时应选择外商独资模式,而非合资模式(Hennart,1982;Yeniyurt et al.,2017),这样一方面可以提高外资商业决策的自主性,另一方面还可以降低东道国投资方搭便车的可能性(Chang et al.,2013;Yiu et al.,2002)。另一类研究认为东道国制度环境对于跨国公司的模式选择具有一定的解释力。史宇鹏等人(2011)发现东道国的法律起源和制度可以解释外资的进入模式,他们从中国的微观数据中发现,如果跨国公司所在国与东道国具有相同的法律起源,则投资者更倾向于选择独资模式,即使在一些行业不得不选择合资模式,投资者也愿意持有更多的股份。薛求知等人(2008)认为东道国政府腐败程度是影响跨国公司进入模式的关键因素,从以 19 个国家 745 家企业为样本的研究中发现,产业层面感知腐败会使跨国公司采用持股比例较低的合资进入模式。邱立成等人(2003)对在华跨国公司进入模式选择及趋势进行分析发现,市场容量、外资政策改革以及经济和投资结构变动对于外资的模式选择有重要影响。而这类研究没有考虑模式选择的外部性问题,也就是说,跨国公司选择合资或者独资是否会影响同行业和上下游行业的企业生产率。

(五) 匹配的理论基础和 CEM 在实证研究中的应用

在实证研究中,经济学者经常会检验一项政策或思考对一个项目产生的影响,又会给参与者带来哪些改变。在理想实验的过程中设计充分考虑参与者在事前的特征差异,并将研究对象进行随机分配缓解相关变量对结果的影响。在这种情况下,普通最小二乘回归方法便可以得到无偏的估计量。然而,研究者通常拿到的是观测数据,在研究某一个政策或项目的平均处理效应(average treatment effect)时,个体对政策或项目的接受程度可能与个体自身的变量高度相关,这为准确估计处理效应带来了更多挑战。经济学家在进行实证检验时,需要对观测数据进行预处理,使得处理组和对照组的变量在多个维度上取得平衡。利用匹配方法模拟实验得到实证结果的原理如下:假设 Y_i 是被解释变量,T_i(treated=1, control=0)表示个体所在的组别,X_i 是控制变量,并且可能与 T_i 是相关的。此时对第 i 个体而言,其处理效应 TE_i 可以表示为:

$$TE_i = Y_i - Y_i(0)$$

其中,第一项 Y_i 可以直接观测,而第二项 $Y_i(0)$ 是不可以被观测到的,需要通过计量技术估计。一个可行的思路是通过找到和 i 具有相似的 X_i 来估计 $Y_i(0)$。样本的处理效应可以表示为:

$$SATT = \text{Mean}_{i \in T_i = 1}(TE_i)$$

匹配实际上使控制变量不再重要,即使在回归分析中不加入控制变量,也可以得到无偏差的估计量。常用的匹配方法有很多,比较常见的匹配方法是倾向得分匹配（Propensity Score Matching，PSM）。近年来，一些计量经济学家质疑该方法的合理性，例如哈佛大学的加里·金（Gary King）教授，他发现完全隔离实验如广义精确匹配法（Coarsened Exact Matching，CEM）比 PSM 更加精确、合理。

1. 社会科学中经常使用的实验方法

随机实验一般有两类：一是完全随机实验，通过类似抛硬币的方法将不同的观测值随机分配到各组；二是完全隔离实验，即在确定组别之前就已经对不同观测值的一些特征（例如年龄段、行业）进行分类，将每对观测值随机分配到不同的组别。表1-2-1对两类实验的匹配效果进行了归纳，完全随机和完全隔离实验都在不可观测变量上取得均值意义上的平衡，但对于可观测的变量而言，完全隔离实验可以做到精确匹配并实现完全平衡。完全隔离实验在平衡性、模型设定依赖、效率、无偏性以及稳健程度上均好于随机实验。① 艾迈等人（Imai et al.，2009）发现完全隔离实验下产生的样本的回归分析估计值标准差下降至六分之一。

表1-2-1　实验类型

协　变　量	完全随机	完全隔离
可观测变量	在平均值上实现组别平衡	完全平衡
不可观测变量	在平均值上实现组别平衡	在平均值上实现组别平衡

---

① 模型依赖（model dependence）指的是实证结果高度依赖于模型的设定。例如劳动经济学中的一个经典问题是参加劳动培训是否会提高员工的工资水平。在模型设定中，一般需要考虑年龄对于劳动回报的影响。一般情况下会发现，仅放入年龄的一次项和同时加入年龄的一次项和二次项，会产生完全不同的结果。因此，实证结果依赖于模型的设定形式，说明参加培训与其他控制变量具有高度相关性，需要通过其他方法（例如匹配）解决这个问题。

2. CEM 与 PSM 的对比

文献中经常使用计量方法模拟上述实验过程，其本质是对数据进行预处理，保留对照组中具有相似控制变量的观测值，再使用均值对比或者双重差分的方法对配对成功的样本做回归分析。使用的方法通常有两类：一是马氏距离（Mahalanobis Distance）匹配，该方法旨在模拟完全隔离实验。在一个二维的象限中，其匹配过程可以简单概括为四点。第一步是确定测算实验组和对照组企业协变量的距离 $(X_c, X_t) = \sqrt{(X_c - X_t)' S^{-1} (X_c - X_t)}$，其中 S 的作用是标准化，使不同单位的协变量距离可以横向比较；第二步是针对每一个在实验组中的企业，找到一个距离最近的对照组企业；第三步是除去没有成功匹配的对照组企业样本；第四步是除去匹配效果不好的配对样本。在理想情况下，马氏距离匹配方法对于观测值分布比较集中的样本作用效果更好，使得每一个实验组个体都能在对照组中找到配对样本。

第二种方法是广义精确匹配法（CEM），该方法也是在模拟完全隔离实验。前期处理数据时，CEM 方法首先对协变量进行分段，例如将人的教育程度分为小学、初中、高中、大学和研究生，当然还有很多其他的分类方法，CEM 并不局限于某一类分段方式。其次将匹配适用于各个段位的 X，方法是根据协变量 X 对观测值进行分类排序，从而形成样本单元格（strata），删除仅有实验组或者实验组个体的单元格。最后使用双重差分等方法对匹配样本进行估计。

第三种方法是倾向匹配得分法（PSM），该方法模拟的是随机实验。PSM 方法的步骤如下。第一步是对个体是否获得干预进行概率估计：

$$\pi_i = \Pr(T_i = 1/X) = \frac{1}{1 + e^{-x_i \beta}}$$

第二步是取处理组和对照组个体获得处理的概率差绝对值：

$$\text{Distance}(X_c, X_t) = |\pi_c - \pi_t|$$

将处理组的个体与相邻的对照组个体进行匹配，删除没有获得配对的样本。将 PSM、CEM 和马氏距离匹配方法三者相比，PSM 在匹配结束后对样本的处理更加随意。假设样本中个体有年龄和教育程度两个控制变量，CEM 匹配过程是根据年龄和教育程度的几何距离对配对状况进行判断，删除几何距离过大的样本，而 PSM 在估计是否受到政策干预时，虽然会考虑年龄和教育程度，但决定是否匹配成功，则完全依赖于个体之间政策干预的概率大小。换言之，CEM 是在二维变量空间中进行决策，而 PSM 仅仅从概率的角度进行决策。对于个体特征分布比较理想的样本，假设个体受到政策干预的概率都是 0.25，问题就是无法得知某一个处理组个体的匹配对象。因此，删除没有配对成功的观测值，会显得更加随机，一方面样本的平衡性更差，另一方面造成部分样本的信息的缺失。

3. CEM 在文献中的应用

CEM 作为一种匹配方法，已在研究中具有广泛的运用。亚苏莱等人（Azoulay et al.，2010）使用 CEM 方法对 112 位学术明星突然离世对其合作者学术发表次数、质量造成的影响进行研究。在此研究中，CEM 用于找到和学术明星具有相似学术背景、年龄等的对照组，该研究认为 CEM 作为一种半参数的方法，在无法利用变量预测学术明星提前离世的情况下是最适合的方法。该研究的主要结论是随着学术明星的突然离世，其合作者的学术发表（经过质量调整）次数下降 5%—8%。西辛格等人（Singh et al.，2011）利用 CEM 方法研究企业如何使用新进员工就职之前的行业知识。塔特尔等人（Tuttle et al.，2015）使用相同的方法研究政府推出的营养计划如何影响项目参与者的食物消费水平。

三、研究思路、研究内容与研究方法

本书的研究框架大体可以分为两个部分：一是外资进入对于东道国贸易行为、经营绩效的影响；二是外资企业入境后（已在华运营），[①]其所有权模式的选择和再投资行为如何影响东道国分支企业的生产率。

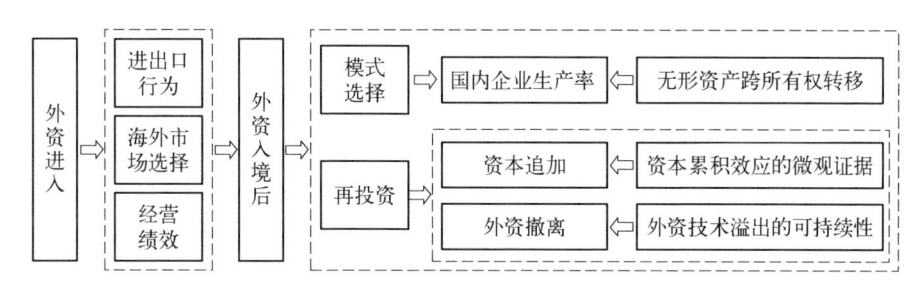

图 1-3-1 逻辑框架

本书的第一章是绪论，介绍了研究背景、概念定义、研究意义、研究方法、研究内容以及文献综述，并阐明本书的创新点和贡献；文献综述分为五个方面：外商直接投资如何影响东道国企业的贸易行为和经营绩效、跨国公司的再投资行为和外资进入的模式如何影响技术溢出、CEM 如何做到对样本进行预处理以及匹配方法在以往研究中的运用。

第二章是对外商直接投资在中国的发展历程与贡献进行研究。第三章是对外资进入如何影响东道国企业进出口行为和海外市场的选择进行研究。第四章研究外资进入对于目标企业经营绩效的影响；第五、六、七章侧重研究外资入境后的投资行为、模式选择如何影响东道国企业的经营绩效，其中第五章将主要探讨外国资本追加促进东道国资本累积效应形成的效果和影响机制，第六章从外资撤离的角度研究外资技术溢出的

---

① 这里的入境后特指已经在华设厂、运营的时期。

持续性问题;第七章探讨跨国公司的进入模式在多大程度上会影响技术的扩散,并讨论不同所有权结构的外资将如何影响国内企业的经营绩效。第八章阐述了主要结论和政策启示。

本书对工业企业数据、海关数据和手动梳理的政策数据进行了细致的实证研究,为理解外商直接投资如何影响东道国经济提供了新的微观视角。本书按外资进入的时间点分为两个部分:一是外资以并购的方式进入中国,对东道国企业贸易行为、市场选择和经营绩效的影响;二是外资入境后的模式选择如何影响国内企业的企业生产率,以及外资的再投资行为如何影响分支企业的经营绩效。

本书注重典型事实的描述和变量间因果关系的建立。第三章研究外资并购对目标企业进出口行为,进出口市场的数目调整以及地理距离扩张的影响。该章强调了当东道国企业接受外国资本变成外资在华的分支企业后,"总部"和"海外分部"商业联系的建立如何影响分支企业的国际市场参与。第四章探讨了外资并购对目标企业的经营绩效的具体影响。第五章研究了跨国母公司后续的资本追加如何影响外资分支的生产率水平,并研究资本追加如何影响企业生产率水平,为跨国公司无形资产的跨境转移提供了新视角。第六章从外资撤离的角度进行研究。第七章研究外资所在的行业或地区如何影响国内企业的生产率。该章从外商所有权结构入手,分析中外合资与外商独资对中国企业的生产率的独立影响。在实证方法上,本书注重建立变量之间的因果关系,而不仅仅是相关关系。

本书专注于揭示变量之间的因果关系。为此,除了采用经典的最小二乘回归方法外,还借助了更为精细的数据预处理技术。具体来说,采用了 CEM 匹配方法来对数据进行预处理以确保样本在关键变量上的平衡性。此外,为了更准确地识别因果关系,本书还使用了双重差分方法,以及使用工具变量回归来处理潜在的内失性问题。第一,匹配与双重差分。

该方法组合被广泛使用于社会科学研究中。在判断要使用何种方法时，需要对数据结构进行判断。如果是截面数据，仅使用匹配方法对数据进行预处理，再使用OLS对配对样本进行回归即可获得个体的平均处理效应。随着面板数据的增多，研究者使用匹配结合双重差分方法对政策、项目的干预效应进行研究。该方法应用于面板数据的一个显著优势是，研究者在控制个体特征的前提下，可以观测到政策干预的后续效果，即观测个体在受到处理效应后在更多时期的表现。因为个体所受到的处理效应发生在不同年份（例如研究跨国并购的数据中的不同年份），数据处理的一般步骤是：① 将所有事件（或政策干预）的年份定义为第0期，不论事件发生在哪一年；② 根据文献和经济学理论选择协变量，协变量的选择应遵循一定的理论，或者对于事件发生具有一定的预测能力，比如跨国公司会选择生产率高、增长势头较好的企业进行并购。③ 利用滞后一期变量，在未受政策干预的个体中找到具有相似特征向量的个体，并构成对照组；④ 将获得配对成功的企业与原始数据匹配，删除未配对成功的样本，再利用OLS或双重差分，控制个体固定效应，进行回归分析。本书在第三章、第四章、第五章和第六章使用匹配和双重差分的方法，估计外资并购、跨国母公司资本追加和外资撤离对企业绩效的影响。

第二，两阶段最小二乘回归方法。该方法是实证研究中最常用的方法，关键要找到合适的工具变量，以解决解释变量和误差项存在的相关性问题。在线性模型中，一个有效的工具变量应该满足以下两点，一是工具变量与内生解释变量存在相关性；二是此变量和误差项不相关，说明该工具变量是外生的。为了证明外商直接投资与内资企业生产率之间具有因果关系，本书使用中国2001年加入WTO之际的外资政策改革作为外资商业存在的工具变量。

本书在研究角度和方法应用两个层面进行了创新，具体包括以下四方面。

第一，20世纪80年代以来，外商直接投资对于中国出口的拉动和经济增长的贡献是有目共睹的，其中很重要的一个方面是跨国公司入华投资加快了中国经济与世界经济的融合程度。库普曼(Koopman et al.，2014)、王(Wang et al.，2017)等人发现，无论是从行业前向，还是后向联系看，中国参与全球价值链的程度在近20年来都在不断攀升，其中2000—2010年是中国价值链融入全球最快的10年。本书从外资进入如何影响中国企业进出口行为和海外市场选择的角度，为研究外商直接投资如何助力中国形成开放型经济提供微观视角。

第二，以往研究在寻找外资技术转移和技术溢出的证据时，往往忽视两个问题：一是跨国公司入境后的投资行为对于东道国企业绩效的影响。本书认为跨国公司的资本追加行为会在东道国进一步形成资本累积效应；二是跨国公司投资模式的选择受到东道国外资政策的干预，在一些行业，跨国公司必须寻找当地企业形成合资企业才可以投资，该行为如何影响行业内其他企业的技术转移和溢出是一个重要的发展经济学问题，而此方面的研究较少。本书从所有权结构的视角对技术转移的存在性问题进行研究，这将是一个全新的视角。

第三，从外资撤离的视角研究跨国公司技术转移的存在性。如果外国资本进入东道国伴随着技术、管理经验等无形资产的入境，那么外国资本撤离东道国，是否也伴随着重要无形资产的流失？对此命题的研究不仅有利于理解跨国技术转移过程和可持续性问题，也为外资撤离如何从微观层面影响东道国经济提供了一个研究视角。

第四，本书使用CEM对数据进行预处理，以提高政策干预前企业特征平衡性问题。CEM是一种半参方法，与传统的倾向匹配得分法(PSM)相比，经匹配后的样本具有更好的平衡性，可以减少数据对于模型函数形式设定的依赖。PSM在选择匹配对象时，完全依据个体之间是否具有相似的概率来决定个体是否配对成功，本质上是根据一维变量判断个体是否具有相似可能性受到政策干预。而 CEM 利用多个维度的变量，构建匹配单元格（strata），使得同一个匹配单元格内的个体具有多个变量维度的相似性，而不仅仅依赖于概率的相似性。

第二章 | 外商直接投资在中国的发展历程与贡献

- 一、外商直接投资在中国的发展历程
- 二、外资开放、竞争与本土企业全要素生产率
- 三、外资开放背景下民营企业生产率
- 四、本章小结

一、外商直接投资在中国的发展历程

20世纪80年代初,在经济全球化浪潮的推动下,贸易自由化、投资自由化成为国与国之间经贸合作的主流。20世纪90年代,世界贸易组织成立,把经济自由化从货物领域扩大到服务和与贸易有关的投资领域。在此背景下,跨境资本开始大规模进入中国。从全球范围看,发达经济体企业对外直接投资的快速增长,与中国引进外资的规模、节奏几乎协同(图2-1-1)。一方面,跨国公司为了追求高额利润、寻求新的海外市场,其母公司需要在全球范围内配置资源。跨国公司作为对外直接投资的载体,基本上来自发达经济体。这些国家纷纷解除对资本账户的管制,推行金融和贸易自由化改革,为资本在国际的自由流动创造了条件。另一方面,中国和其他发展中国家摆脱了"依附理论"的束缚,对外国资本的

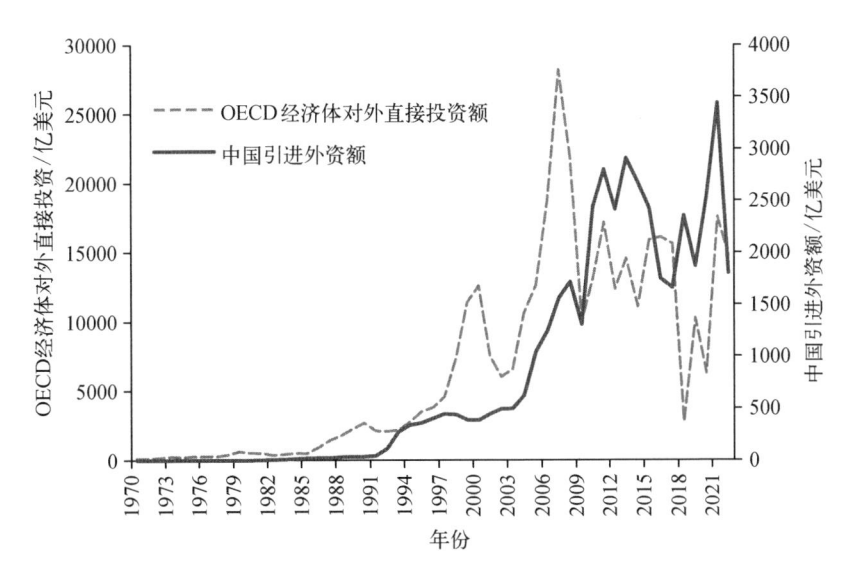

图2-1-1 OECD经济体对外直接投资额与中国引进
外资额(世界银行、CEIC数据)

(注:引进外资数据使用国际收支平衡表中资本和金融账户的直接投资中的负债指标。)

态度从"质疑"转向"欢迎",使得外商直接投资成为国际合作的重要表现形式。改革开放以来,中国成为引进外商直接投资的最主要的发展中国家。自此以后,中国引进外资的政策以及积极利用外资发展经济的举措,受到广大发展中国家的效仿。

在众多发展中经济体中,中国是较早将"引进来"作为对外开放基本国策的经济体,并以书面形式将其写进法律,以增强政策的确定性和连贯性。1979年7月,第五届全国人民代表大会第二次会议通过了《中外合资经营企业法》,并正式颁布实施。此法规为中国打开国门、引进外资提供了可靠的法制保障,标志着中国对外开放迈出了实质性的一步。《中外合资经营企业法》保护外国投资者的私人产权,比如该法的第二条规定"中国政府依法保护外国合营者按照经中国政府批准的协议、合同、章程在合营企业的投资、应分得的利润和其他合法权益"。中国政府于1986年颁布《外资企业法》、1988年颁布《中外合作经营企业法》,这两部法律与《中外合资经营企业法》一起构成"外资三法",共同搭建起中国利用外资的重要平台。据统计,到1985年,中国吸引直接投资金额就达到162亿美元,合资企业2300多个。[①]"外资三法"对于引进外资效果明显。

(一)外商直接投资发展的四个阶段

1978年以来,中国利用外资促进经济发展取得了举世瞩目的成就。截至2020年底,累计设立外商投资企业超过104万家,累计实际使用外资超过2.4万亿美元。从全球范围来看,中国吸收外资金额占全球跨国

[①]《检察日报》:《邓小平谈中外合资经营企业法:是政治意向的声明》,2009年9月29日,http://www.reformdata.org/2009/0929/21433.shtml。

直接投资总额比重从2015年的6.7%提升至2020年的14.9%。此外，2017年至2020年，中国连续四年保持全球第二大外资流入国地位。[①]引进外资大致可以分为探索期、快速发展期、腾飞期和高质量开放期四个阶段。

第一阶段：探索期(1978—1991年)

探索期以党的十一届三中全会提出实行改革开放的历史性决策为标志。在1978年之前，中国与国际市场的经济关联很小，引进外资尤其是外商直接投资非常有限。1978年12月，在北京召开的党的十一届三中全会开启了改革开放的伟大征程。中国政府在引进外商直接投资和行业市场准入方面做出了不少尝试和努力。1979年颁布《中外合资经营企业法》之后，在广东省和福建省设立了深圳、珠海、厦门和汕头4个经济特区。1984年，邓小平视察南方，我国进一步向外资开放包括海南省在内的10个省份和14个沿海城市；随后又相继开放长三角、珠三角、闽南三角洲。1988年上海浦东开发区以及整个沿海地区向外商直接投资开放。为鼓励外商直接投资流入，1986年，国务院发布了《关于鼓励外商投资的规定》，在税收、信贷、进出口等方面提出了一系列鼓励外商投资的政策措施。20世纪80年代中期至90年代初，对外开放渐次推进，初步形成从沿海地区向内地推进、由点及线、由线及面的格局。在探索期，外商直接投资年均流入17.9亿美元，1991年实际使用外资达到43.7亿美元。

在外资进入的带动下，"两头在外"的加工贸易在东南沿海地区蓬勃兴起。图2-1-2给出了1980—1991年，外资企业贸易占全部企业

[①] 《人民日报》海外版：《中国吸收外资有了新指引》，2021年11月2日，https://www.gov.cn/zhengce/2021-11/02/content_5648317.htm。

贸易的比重。从中可以看出，随着跨国公司的进入，外资企业在促进对外贸易发展中扮演着重要角色。1980年，外资企业进出口占全部企业进出口的比重接近于0，而到1990年，外资企业进口、出口所占的比重分别上升至27%、17%。这个时期引进外资的主要目的是解决经济建设中的资金短缺和技术不足问题，在实践中鼓励企业出口创汇。

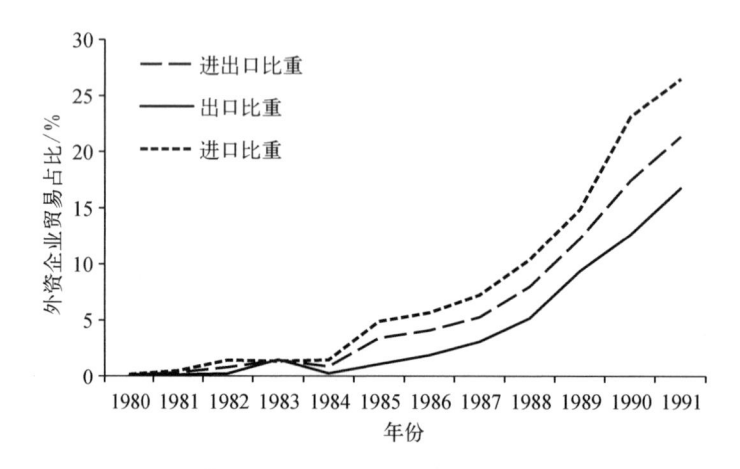

图 2-1-2 外资企业贸易占全部企业贸易的比重（海关数据）

在这一时期，发达经济体是中国引进外资的主要来源。表 2-1-1 给出了1985年以来，中国外商直接投资的最大来源国。可以看出，日本、美国、德国、英国、法国、意大利、澳大利亚、加拿大等发达经济体是中国引进外资的主要来源，其中日本对中国直接投资的规模最大，其次是美国和德国。相较于1990年，1991年中国引进外资的规模显著下降，除了法国、意大利和加拿大对中国增加投资，来自日本的投资降幅为37.3%，来自美国的投资降幅为25.5%，来自德国的投资降幅为38.5%，来自英国的投资降幅为56.2%。

表 2-1-1　中国引进外商直接投资的主要来源国

（单位：百万美元）

国　家	年　份						
	1985 年	1986 年	1987 年	1988 年	1989 年	1990 年	1991 年
日本	1591.00	2897.82	2859.64	3354.47	3002.68	3020.70	1894.05
美国	381.64	407.36	544.90	279.44	393.92	596.14	443.99
德国	157.27	368.05	556.20	178.06	243.83	398.48	244.94
英国	98.08	53.49	268.69	587.60	375.36	519.57	227.34
法国	79.04	114.47	266.92	490.82	801.69	579.34	853.22
意大利	37.29	66.72	80.13	146.05	155.42	125.39	132.21
澳大利亚	31.17	110.14	10.93	6.00	46.46	61.26	31.72
加拿大	15.97	16.88	61.05	66.82	67.68	240.96	403.34

（根据 CEIC 数据）
（注：1985 年之前的数据缺失，表格数据起始于 1985 年。）

第二阶段：快速发展期(1992—2000 年)

这一阶段以 1992 年邓小平发表南方谈话为标志。在中国利用外资取得发展的同时，国内对外资批评的意见和反对声音层出不穷。一些产业界人士认为，外资进入会压垮国内的民族企业，而且民族产业有被跨国公司控制的风险。1991 年外商投资大幅下跌，1992 年邓小平在视察中国南部沿海和经济特区时，对社会主义市场经济思想进行了更加系统的阐述，打破了人们对计划经济的迷信。1992 年召开的党的十四大正式把建立社会主义市场经济体制确立为我国经济体制改革目标。在此之后，中国引进外资进入快速发展期。1998 年中共中央、国务院发布了《关于进一步扩大对外开放、提高利用外资水平的若干意见》，全面阐述了利用外资在对外开放中的重要意义，提出"更多更好地利用外资，促进国民经济持续快速健康发展和社会全面进步"的指导思想。

邓小平的南方谈话为全国范围内实行外资开放政策奠定了基础。中国政府提出并实施了一系列鼓励外商直接投资流入的政策和法规，包括宣布西南、西北、华北、东北等地区的15个以上边境市县为边境开放城市；航空、电信、银行和零售贸易等服务业以有限和试探性的方式向外商直接投资逐步进行开放，进一步发展沿海地区对外贸易和加工业、设立更多的经济特区。此外，中国还允许外资购买土地使用权，用于建设基础设施，包括住宅、商业、工业和休闲房地产。为了缩小东南沿海地区与中西部地区经济发展的差距，政府1998年实施了西部大开发战略，该战略覆盖12个省、自治区、直辖市，并鼓励外资进入西部省份和地区。

除此之外，中国政府还建立了更加一致、系统的外商直接投资监管框架，旨在提高外资政策的透明度和确定性，这一举措对吸引外资流入产生了显著的效果。1992年，流入中国的外商直接投资达到131亿美元，是1991年的两倍。1993年，外商直接投资流入规模翻了一番以上，再次达到302亿美元，1994年至1997年外资流入持续高速增长。但是，受东亚金融危机的影响，1998年外商直接投资流入增速放缓。

在这一阶段，外商直接投资集中于东南沿海等发达省份和地区的现象有所缓解。表2－1－2给出了1991年、1993年、1995年、1997年和1999年中国引进外商直接投资的地区分布情况。可以看出，东南沿海地区是外商倾向的投资区域。从规模上看，广东省在吸引外商直接投资方面一直稳居首位，其次是江苏省、福建省、上海市等地。1991年至1997年，排名前8的引进外资省份（直辖市）占全国引进外资总额的比重稳定在70%左右。1999年，外资区位选择的"拥挤程度"相比前几年有所下降，排名前8的引进外资省份（直辖市）占全国引进外资总额的比重下降至63%。

表 2-1-2 引进外商直接投资的地区分布

（单位：百万美元）

省 份（自治区、直辖市）	1991 年	1993 年	1995 年	1997 年	1999 年
广东	2583.75	9843.13	10669.67	12638.94	12892.38
江苏	314.71	2843.71	5325.77	5595.15	6077.56
福建	570.49	2905.99	4149.08	4201.50	4024.03
上海	330.25	3178.03	3005.43	4601.94	2836.65
山东	373.08	1882.67	2764.97	2777.76	2465.47
北京	299.60	817.31	1106.48	1627.45	1975.25
天津	260.89	623.68	1586.86	2524.22	1763.99
浙江	143.81	1031.75	1289.68	1547.54	1232.62
辽宁	645.18	1396.93	1568.38	2457.69	1061.73
河北	96.28	396.54	613.33	1107.08	1042.02
湖北	141.14	554.67	886.92	853.31	989.14
湖南	102.74	617.16	560.11	1009.77	653.74
广西	86.54	897.56	708.41	930.64	635.12
河南	75.44	304.91	649.14	759.24	521.35
海南	212.44	748.32	1184.33	724.58	484.49
山西	30.76	86.43	93.61	280.76	391.29
四川	154.39	571.41	619.36	310.20	341.01
江西	50.65	228.17	345.09	487.97	320.80
黑龙江	29.53	232.32	624.90	759.56	318.28
吉林	54.49	275.27	481.89	408.55	301.20
安徽	25.12	257.64	516.44	452.62	261.31

续 表

省 份 (自治区、 直辖市)	1991年	1993年	1995年	1997年	1999年
陕西	35.74	234.30	392.44	637.96	241.97
重庆				452.71	241.35
云南	21.37	97.02	119.55	169.86	153.85
内蒙古	2.42	85.26	88.64	130.61	64.56
宁夏	3.03	11.90	6.25	43.74	51.34
甘肃	4.78	11.95	82.74	51.54	41.04
贵州	16.34	42.94	90.22	64.06	40.90
新疆	74.20	53.00	188.88	44.64	24.04
合计	6739.16	30233.21	39720.81	47661.99	52658.96

(根据 CEIC 数据)

第三阶段：腾飞期(2001—2012年)

以2001年中国加入世界贸易组织(WTO)为标志,中国开始从单方面自主开放,向对照 WTO 框架下的国际规则双向开放。中国为了顺利"入世",修订了《外资企业法》《中外合作经营企业法》《中外合资经营企业法》,并通过颁布法规来履行对世贸组织的承诺。2005年新的《公司法》简化了公司设立条件。2007年中国颁布了第一部《反垄断法》,坚持内外资企业一视同仁、平等对待,积极营造公平竞争的市场环境。同年,中国取消和更改了多项针对外国投资者的税收优惠和免税政策,统一外资企业和内资企业的所得税税率,新的内外资企业所得税税率均为25%。2010年,国务院发布了《关于进一步做好利用外资工作的若干意见》,提出"创造更加开放、更加优化的投资环境,全面提高利用外资工作水平"。这一阶段,我国积极履行"入世"承诺,进一步扩大对外开放,并更加注重利用外资来促进产业优化升级和区域协调发展,年均实际使用外资803.2亿美元,2011年实际使用外资达到1239.9亿美元。

加入世界贸易组织对中国引进外商直接投资具有重要的促进作用。图2-1-3给出了2004年和2012年中国引进外资的行业分布及其变化。可以看出,这一时期的外商直接投资主要流向制造业、房地产业、批发和零售业、租赁和商务服务业与交通运输、仓储和邮政业以及信息技术服务业等。2004年,制造业引进外资占所有行业引进外资总额的70%左右,2012年该比例下降至40%,这说明外资流入的行业分布更加分散和多元化,减少了过度集中在某一行业的风险,降低了外资流入的拥挤程度。制造业引进外资份额的下降,伴随着其他行业引进外资规模的上升。2004—2012年,批发和零售业实际利用外资从7.4亿美元上升至94.6亿美元,增幅高达约1178%;科学研究和技术服务业实际利用外资从2.9亿美元上升至31亿美元,增幅高达约969%;金融业实际利用外资从2.5亿美元上升至21.2亿美元,增幅为748%;房地产业实际利用外资从59.5亿美元上升至241.2亿美元,增幅约为305%。

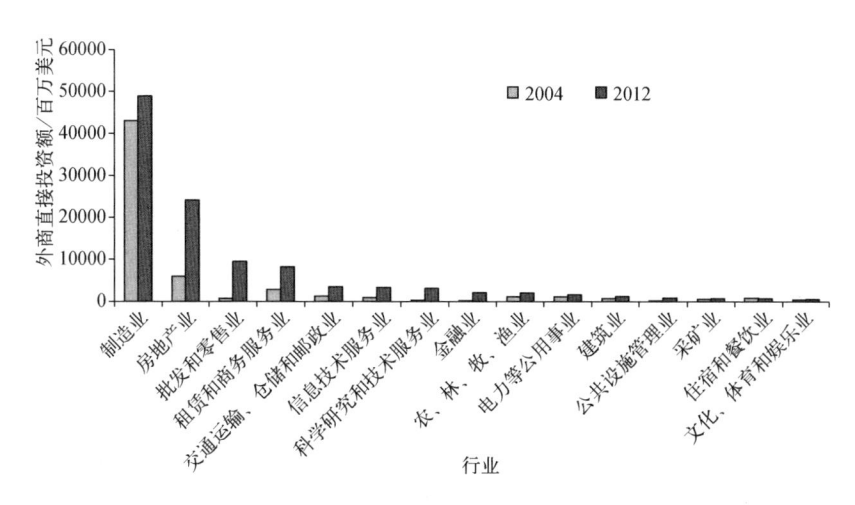

图2-1-3 加入WTO与中国引进外商直接投资(CEIC数据)

第四阶段：高质量开放期(2013年至今)

这一阶段以党的十八大提出实行更加积极主动的开放战略为标志。2013年召开的党的十八届三中全会提出实行准入前国民待遇加负面清单的管理模式的改革任务。建设自贸试验区成为党中央在新时代推进改革开放的重要战略举措，在利用外资方面，我国积极对接国际通行规则。一是渐进开放，先后在上海市、广东省、天津市、福建省、辽宁省、浙江省等省份(直辖市)设立21个自贸试验区，既限制了外资自由化的风险范围，又为向外资开放积累经验；二是积极探索外资管理新模式的创新，累计完成3400多项改革试点任务，形成了在自贸试验区框架下引进外资的制度框架体系。在这一阶段，我国外商投资管理体制实现历史性变革，将实行多年的审批制度改为有限范围内的审批和告知性备案的管理制度。这些措施对引进高技术含量、高附加值、高品质的外资具有重要的推动作用。在逆全球化导致全球跨境资本下降的背景下，中国利用外资却实现了强劲增长，年均实际使用外资达到1300亿美元。

(二)外商直接投资在中国工业投资中的地位

1. 固定资产投资

在中国加入WTO之后，外资企业在中国境内固定资产投资中扮演着重要角色。从制造业来看，2004年，中国港澳台地区投资企业和外商投资企业的固定资产投资分别约为0.12万亿元和0.26万亿元，占全年固定资产投资总额的26.34%；到2017年，中国港澳台地区投资企业、外商投资企业的固定资产投资分别增至0.53万亿元、0.77万亿元，占全年固定资产投资总额的7.22%。外商在华固定资产投资的绝对规模每年增长约7%。但是从相对规模角度来讲，外资企业固定资产投资比重下滑较快(见表2-1-3)。另外，从全行业看，外资企业固定资产投资比重更低(见表2-1-4)。2004年,中国港澳台地区投资企业、外商投资企业固定资产投资额分别约为0.3万亿元、0.39万亿元,占全部企业固定资产投资总额的11.8%,到2017年,中国港澳台地区投资企业、外商投资企业固定资产投资额分别约为1.4万亿元、1.1万亿元,占全部企业固定资产投资总额的3.94%。

表2-1-3 制造业各类型企业固定资产投资

年 份	固定资产投资额/亿元			外资企业占比/%
	内资企业	中国港澳台地区投资企业	外商投资企业	
2004年	10796.64	1238.23	2622.34	26.34
2005年	15551.51	1694.92	3160.15	23.79
2006年	20820.02	1896.15	3619.88	20.94
2007年	29019.27	2349.36	4108.09	18.20
2008年	38940.39	2632.57	4795.34	16.02
2009年	51350.28	2603.27	4752.53	12.53
2010年	66496.39	3048.29	4940.5	10.73
2011年	92931.02	3790.68	5844.63	9.39
2012年	113678.56	3975.03	6750.31	8.62
2013年	136899.85	3766.36	6918.22	7.24
2014年	156556.15	3614.85	6726.74	6.20
2015年	169739.45	3877.88	6616.07	5.82
2016年	174408.95	5412.66	8014.37	7.15
2017年	180579.26	5332.23	7704.18	7.22

(根据历年《中国统计年鉴数据》)

表 2-1-4　全行业各类型企业固定资产投资

年　份	固定资产投资额/亿元 内资企业	中国港澳台地区投资企业	外商投资企业	外资企业占比/%
2004 年	52060.68	3113.50	3854.01	11.80
2005 年	66670.72	3767.32	4657.06	11.22
2006 年	83443.39	4336.13	5589.17	10.63
2007 年	105271.74	5457.04	6735.69	10.38
2008 年	134559.13	6369.57	7809.60	9.53
2009 年	179786.77	6443.92	7689.70	7.29
2010 年	225581.73	7636.58	8212.58	6.56
2011 年	283679.19	9430.99	9285.88	6.19
2012 年	344031.14	10275.88	10547.13	5.71
2013 年	413589.44	11027.65	11130.33	5.09
2014 年	478277.78	11934.53	11052.57	4.59
2015 年	528913.25	11930.44	10746.34	4.11
2016 年	570431.22	14223.21	11846.32	4.37
2017 年	606767.76	13604	11312.20	3.94

（根据历年《中国统计年鉴数据》）

2. 工业产出

外商直接投资对我国国内生产总值贡献度较高。从工业总产值来看，1998 年外资企业创造工业总产值 1.68 万亿元，占全部工业企业总产值的 24.7%;2007 年,外资企业创造工业总产值为 12.7 万亿元,占全部工业企业总产值的 31.5%,上升逾 10 个百分点。从工业增加值来看,1998—2007 年外资企业创造增加值占全部企业增加值的比重从 21% 上升至 27%,整体也呈上升趋势(见图 2-1-4)。

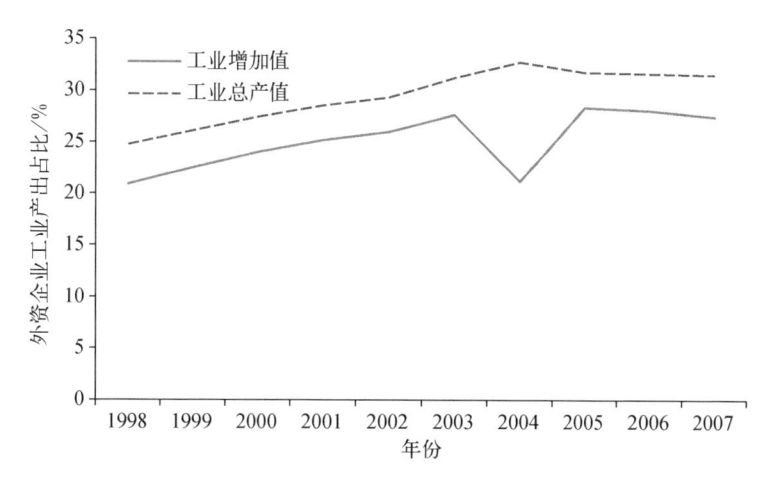

图 2-1-4 外资企业工业产出占全部工业企业产出比重(根据 CEIC 数据)

3. 缴纳税额

外资是中国市场的重要组成部分,为中国经济社会发展作出重要贡献。从税收缴纳情况看,2003—2014 年,外资企业应缴所得税从 295.97 亿元增加至 2884.56 亿元,占工业企业应缴所得税的比重从 20.64% 增长至 29.17%;外资企业应缴增值税从 1189.01 亿元增加至 6951.07 亿元,占工业企业应缴增值税的比重保持在 20% 以上。2007 年后,中国取消和更改多项针对外国投资者的税收优惠和免税政策并且统一了外资企业和内资企业的税率,外资企业应缴所得税和增值税的比重均有所增加(如表 2-1-5 所示)。

表 2-1-5 外资企业的税额缴纳

年 份	外资企业应缴所得税额/亿元	外资企业应缴增值税额/亿元	工业企业应缴所得税额/亿元	工业企业应缴增值税额/亿元	应缴所得税比重/%	应缴增值税比重/%
2003 年	295.97	1189.01	1434.23	5487.73	20.64	21.67
2004 年	404.30	1508.66	2102.58	6912.78	19.23	21.82
2005 年	456.33	1811.52	2586.41	8520.94	17.64	21.26
2006 年	588.61	2361.95	3189.17	10707.16	18.46	22.06
2007 年	778.13	3016.72	4175.13	13650.34	18.64	22.10
2008 年	1055.85	3916.89	4629.55	17690.72	22.81	22.14
2009 年	1326.92	4034.05	4862.03	17490.20	27.29	23.06
2010 年	2002.07	5121.08	6992.42	22472.72	28.63	22.79
2011 年	2317.05	5674.87	8448.47	26302.71	27.43	21.58
2012 年	2207.54	6201.34	8672.85	29566.64	25.45	20.97
2013 年	2645.70	7093.30	9476.42	33460.27	27.92	21.20
2014 年	2884.56	6951.07	9889.75	33979.04	29.17	20.46

（根据 CEIC 数据）

（三）外商投资企业与国内产业的关联度

对于发展中国家而言，通过引进外资促进国内增长有多种渠道：一是通过创造就业机会，增加居民的工资收入和购买力，进而促进国内经济增长；二是分支公司将母公司的技术、管理经验引入发展中国家，对于发展中国家的企业形成技术溢出，促进当地企业生产率的提升；三是通过引进外资,促进市场竞争,使得低生产率企业退出市场,提高整体生产率。其中第二种渠道往往是发展中国家引进外资过程中重点关注的问题,加强外资企业与国内产业关联度是促进外资企业技术转移的关键。

在改革开放的初期,中国主要作为跨国公司的低成本加工组装基地,大部分的零部件、关键材料都从外国进口,与国内产业关联度并不高。这主要有以下三个原因:一是中国当时仍是工业基础薄弱、工业体系不健全的计划经济体制国家,缺少完备的配套产业和技术,跨国公司只能通过进口的方式获得关键零部件和材料;二是跨国公司进入改革开放初期的中国,主要为了利用劳动力成本低、土地价格低等资源禀赋,生产出来的产品主要也是用于出口,而不是在中国国内销售;三是外商投资企业在海外的关联企业和配套企业较少进入中国,跟随性配套投资不足,国内上下游企业产品质量不能满足跨国公司的要求。

随着中国经济的发展,跨国公司供应链本土化程度有所提高,其关键零部件、关键材料从进口逐步转向从国内供应商处购入,外资企业和国内产业关联度有所增强。一方面,由于中国本土企业国际竞争力的提升,已经可以满足跨国公司对于质量和供应规模的需要;另一方面,跨国公司对中国市场的定位有所转变,从过去的加工组装基地转变为生产、研发、创新基地。另外,设立研发中心并培养中国本土工程师等科技人才,是跨国公司提高与国内产业关联度的重要机制。同时,出于保护知识产权的需要,外资企业不再愿意与国内企业组建合资企业,部分行业取消股比政策的限制后,合资企业转变成为外商独资企业的情况较为普遍。这将在一定程度上减弱外商投资企业与国内产业的关联度。

通过向外资开放市场引进先进技术,是"市场换技术"的重要内涵。近年来,跨国公司在从"中国制造"向"中国研发"的转型中起到了关键作用。外资企业在华的研发活动,有助于推动中国成为全球企业研发基地和技术孵化器,改变中国制造业在国际分工中处于中低端的不利局面。此外,研发活动可以提高外资与国内产业的关联度。一方面,外资设立研发中心为中国人才提供了宝贵的研发机会,有助于培养和锻炼中国研发人才,促进人力资本的积累;另一方面,外资研发机构也为中国研发机构提供了与国际接轨的学习机会,通过与外资研发机构的交流和学习,不断提升自身的研发能力和竞争能力,建立与国际接轨的标准、工艺以及服务等。

从规模以上工业企业看,外资在华研发支出持续上升。2011—2022年,外资 R&D(研究与开发)经费支出从1497亿元增加至3672亿元,年均增长8.5%,占全部规模以上工业企业研发支出的比重约为20%(图2-1-5)。规模以上外资工业企业的新产品开发项目数逐年增长,2011—2022年,新产品开发项目数从6.1万项增加至13.1万项,但占全部规模以上工业企业的比重从2011年的23%下降至2022年的12%(表2-1-6)。

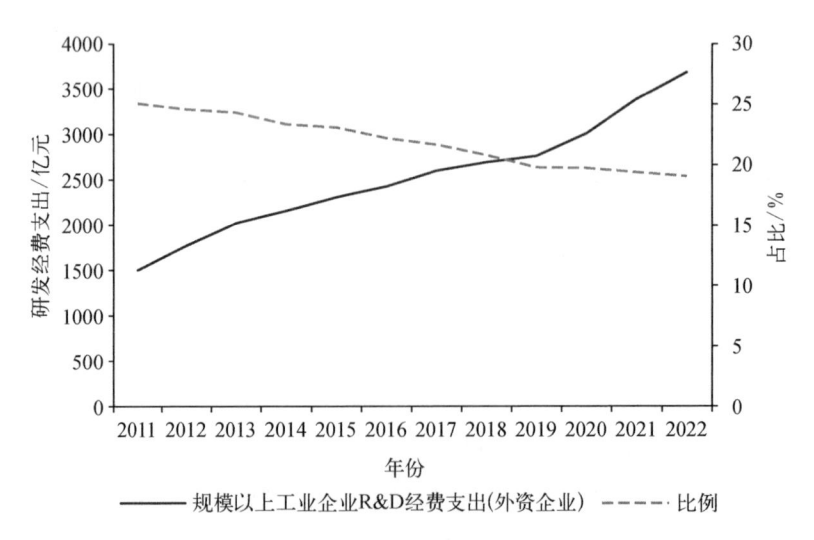

图2-1-5 规模以上外资工业企业 R&D 经费支出(历年《中国统计年鉴数据》)

表 2-1-6 规模以上工业企业新项目开发情况：全部企业与外资企业

年　份	新产品开发项目数/项		比例/%
	全部企业	外资企业	
2011 年	266232	61152	23
2012 年	323448	76433	24
2013 年	358287	83890	23
2014 年	375863	80634	21
2015 年	326286	68653	21
2016 年	391872	78641	20
2017 年	477861	89585	19
2018 年	558305	94440	17
2019 年	671799	103066	15
2020 年	788125	111437	14
2021 年	958709	126015	13
2022 年	1093975	131253	12

（根据历年《中国统计年鉴数据》）

从研发的投入和产出来看，外资企业在华的研发效率相对较高。例如，2011年，规模以上外资工业企业研发支出占比达到24%，但从产出角度看，其新产品销售收入占比却高达36%（表2-1-7）。在2011—2022年，规模以上外资工业企业的新产品销售收入从3.6万亿元增加至7.2万亿元，占全部规模以上工业企业新产品销售收入的比重从36%下降至22%。

表 2-1-7 规模以上工业企业新产品销售收入：全部企业与外资企业

年 份	新产品销售收入/亿元 全部企业	新产品销售收入/亿元 外资企业	比例/%
2011 年	100582.72	36032.05	36
2012 年	110529.77	37816.83	34
2013 年	128460.69	44718.53	35
2014 年	142895.29	48437.08	34
2015 年	150856.55	48779.22	32
2016 年	174604.15	53765.08	31
2017 年	191568.69	58074.52	30
2018 年	197094.07	53276.28	27
2019 年	212060.26	56288.77	27
2020 年	238073.66	61471.70	26
2021 年	295566.70	72042.21	24
2022 年	327982.97	71993.17	22

（根据历年《中国统计年鉴数据》）

总体来说，外资企业在华的研发投入及其产出的绝对规模在逐年增加，但由于内资企业的快速成长，外资企业研发投入和研发产出的比重均有所下降。这一趋势表明，中国内资企业正在逐步提升自身研发能力和技术水平，与外资企业的竞争能力不断加强。

二、外资开放、竞争与本土企业全要素生产率

现代经济增长理论认为,一个国家的经济增长主要来源于两个方面:要素投入的增长和要素使用效率的改善。其中,要素使用效率也被称为全要素生产率,是衡量一个国家经济增长质量的重要指标。全要素生产是指去除资本和劳动力等要素投入后,其他所有影响产出的要素的综合生产率。改革开放 40 多年来,中国经济增长取得了令人瞩目的成就。一方面,在经济转型的过程中,中国工人的工资水平相对较低,同时人口基数庞大,大量的青壮年从农村转移到城市,成为产业工人,为经济增长提供了充裕的劳动力要素投入。另一方面,中国利用土地、基础设施和房地产作为抵押品,扩大了金融化和货币化的广度和深度,为经济发展提供了宝贵的资本要素投入。一些学者发现,尽管要素驱动对于中国经济增长起到了关键作用,但不能忽视全要素生产率增长对中国经济增长的贡献。经过一些学者的测算,改革开放 40 多年,中国全要素生产率平均增长 4%,成为推动经济增长的重要动力。这意味着在中国的经济增长奇迹中,全要素生产率的提升是中国经济增长的重要源泉[1]。

提高全要素生产率是经济高质量发展的动力源泉,是保证经济持续增长的微观基础。那么如何解释中国全要素生产率的增长?本书利用 1998—2007 年的企业层面数据,分析国内产业向外资开放后,如何通过促进市场竞争,提高企业的全要素生产率。相关文献从技术溢出的角度解释中国企业生产率提升,罗雨泽(2007)、谢建国(2007)、钟昌标(2010)等人发现 FDI 对内资企业具有技术溢出效应。余(Yu,2015)、盛斌等人(2015)将中国加入 WTO 作为准自然实验,发现贸易自由化有助于促进

---

[1] 刘俏:《如何理解中国系列之一/刘俏:中国经济增长的空间有多大?》,2023 年 8 月 7 日,https://www.gsm.pku.edu.cn/finance/info/1008/3316.htm。

企业生产率的增长和企业规模的扩张,田巍等人(2014)的研究也指出,中间品贸易自由化可以提升企业的研发水平。然而,关于外资开放对中国企业全要素生产率的影响,相关研究仍然较为稀缺。

中国加入WTO为检验外资开放带来的市场竞争如何影响内资企业生产率提供了一个绝佳的政策背景。为了履行"入世"谈判时做出的行业开放承诺,中国必须取消部分行业对外资市场准入的限制。具体做法是将部分行业从限制外商投资类调整为鼓励外商投资类,或者取消外资持股比例要求,允许外资以独资的形式运营。这种行业对外资开放的差异性为我们提供了机会,以探究市场竞争对本土企业全要素生产率的影响及其作用机制。

(一)制度背景

中国政府根据产业竞争力和国民计划的需要,适当地调整了行业的开放程度。从推出产业指导目录以来,对外资开放政策进行多次的修改和调整。例如政府在1997年对该目录做出了修改,成为引进FDI的重要指导文件,之后又在2002年、2004年、2007年对目录进行了修订。产业指导目录将产品分为四大类:鼓励类、允许类、限制类和禁止类。对于鼓励类和允许类行业,政府使用税收、要素价格等激励措施吸引外资,而对于限制类行业,政府采用股权限制的方式对外资企业的组织形式加以规定,如投资限制类行业的外资企业不得控股或以独资形式经营。2001年11月,中国加入WTO,中国政府为了履行"入世"谈判时的承诺,对1997年版本的产业指导目录进行了大幅度的修改,并于2004年再次对目录进行修改。当某一产品或行业从限制外商投资变为鼓励外商投资时,或对某一产品或行业的合资限制放松时,我们对该产品所属的行业赋值为1(例如:纸及纸板制造在2002年的产业指导目录中属于鼓励类产品,而在1997年的产业指导目录中属于限制类产品,机制纸及纸板制造行业属于开放行业,赋值为1),其他行业政策未发生变化或行业政策有所收紧的行业,赋值为0。据此,我们可以构造出近似外生的行业开放程度变化指标。

(二) 实证设计与变量选取

1. 数据来源

本节使用的数据来自国家统计局1998—2007年中国工业企业数据库,样本包括全部国有企业以及规模以上的非国有工业企业,这套数据库总共包括100多个财务会计变量和丰富的企业层面信息,如企业类型、所属行业、工业增加值、全部职工数、企业出口额、实收资本、中国港澳台地区投资资本以及其他外商投资资本等信息,这些信息有助于观察企业的个体特征,而且可以将企业的信息加总得出相应的行业数据变量。此外,本节根据相关文献中处理数据的标准做法对本文数据做了以下清理:一是剔除了关键变量(固定资产、总资产、职工人数、企业年产值以及年度销售额)缺失的观测值;二是删除了不符合会计记账原则的观测值,如总资产小于流动资产或固定资产的样本,实收资本小于0的样本以及当年折旧大于累计折旧的样本;三是剔除企业所雇佣工人数量低于8人的企业;四是剔除了物价因素的影响,我们使用勃兰特等人(Brandt et al., 2012)构造的2位数行业平减指数对名义变量进行平减。

2. 变量说明

准确度量企业生产率是本研究的关键。本节主要采用两种方法来衡量企业生产率,第一种是采用李文森等人(Levinsohn et al., 2003)提出的半参数法,该方法对于传统的索洛余值引起的反向因果关系和选择性偏误问题进行了改进,它采用中间产品投入作为不可观测生产率冲击的代理变量,是一种被学术界广泛采用的 TFP 计算方法。具体来说,该方法利用增加值、雇佣人数、固定资产水平和中间投入水平等数据,分行业对企业全要素生产率进行估算。第二种是采用人均工业增加值衡量 TFP 作为结果的稳健性检验。所有名义变量均利用平减指数转化为了实际变量(Brandt et al., 2012)。各变量的统计描述如表 2-2-1 所示。

表 2-2-1 主要变量定义及统计性描述

变量名称	变量定义	观测值	平均值	标准差
TFP(log)	企业生产率(log)	1379412	2.423	1.148
VADPC(log)	人均工业增加值(log)	1379412	−0.775	1.113
Sale(log)	企业年销售额(log)	1379412	9.860	1.260
K/L(log)	资本劳动比(log)	1379412	3.137	1.332
State Share	国有股份比例	1379412	0.116	0.310
Age(log)	企业年龄(log)	1379412	1.923	1.019
AgeSq(log)	企业年龄平方项(log)	1379412	4.735	4.152
Lib	外资开放哑变量	4852	0.239	0.426
Concentration	行业集中度	4852	0.017	0.030

3. 模型设定

为了准确度量外资政策放松管制对本土企业的影响,比较在中国加入 WTO 前后,内资企业对外资开放行业和对外资管制不变行业全要素生产率差异的变化。本节构建双重差分模型如下:

$$\text{TFP}_{ijt} = \beta_1 \cdot \text{Post02} + \beta_2 \cdot \text{Post02} \cdot \text{Lib}_j + X'_{ijt}\lambda + D_i + D_t + \varepsilon_{ijt}$$
(1)

其中 TFP_{ijt} 表示 j 行业中 i 企业在 t 年的全要素生产率，Post02 和 Lib 均为二值变量，Post02 在 2002 年之后取值为 1，其余年份取值为 0。Lib 取值为 1 时，表示处理组即对外资开放组；当取值为 0 时，即表示对照组。X 表示其他企业层面和行业层面的控制变量，如企业年龄以及年龄平方项、资本劳动比、国有股份比例、行业集中度等。企业年龄变量度量企业的生命周期，处于不同生命周期阶段的企业的生产率水平可能存在差异；企业的资本投入程度以及国有资本的参与程度，也可能影响企业生产率；行业集中度是为了控制各个行业的竞争程度。D_i 为企业固定效应，控制不随时间推移而发生改变的企业特征，D_t 表示时间固定效应，用来控制所有只随时间变化的因素，如宏观经济政策。ε_{ijt} 是异方差稳健的误差项。β_2 是待估计的参数，衡量外资竞争对本土企业全要素生产率的影响。

(三) 实证检验与结果分析

1. 基准回归结果

表 2-2-2 罗列了对模型(1)的估计结果。(1)至(3)列的被解释变量使用的是李文森等人(Levinsohn et al., 2003)计算出的 TFP。在第(1)列，回归仅控制企业和年份固定效应，从中发现外资开放显著提高了国内企业的生产率。第(2)列的回归在第(1)列的基础上控制了企业层面的变量，并在第(3)列进一步控制行业层面的变量。由此可以发现，取消外资管制促进了内资企业生产率的增长，并且估计系数均在 1% 的水平上显著，这表明内资企业受益于管制放松带来的市场竞争效应。为进一步

检验结果的可靠性,在第(4)列和第(5)列分别将被解释变量替换成人均工业增加值和销售额,分别用来度量企业生产率和市场份额,结果与(1)至(3)列结果相似,即外资开放对本土企业的生产率具有提升作用,结果不随生产率的度量方法改变而变化。

表 2-2-2 基准回归结果

变量	(1) TFPLP	(2) TFPLP	(3) TFPLP	(4) VADPC(log)	(5) Sale(log)
Post02	0.8205*** (0.0036)	0.7840*** (0.0039)	0.7809*** (0.0040)	0.8079*** (0.0040)	0.8765*** (0.0032)
Lib×Post02	**0.0111*** (0.0039)**	**0.0150*** (0.0039)**	**0.0148*** (0.0039)**	**0.0340*** (0.0039)**	**0.0199*** (0.0031)**
Age(log)		0.1626*** (0.0033)	0.1625*** (0.0033)	0.0944*** (0.0033)	0.2077*** (0.0026)
AgeSq(log)		−0.0359*** (0.0009)	−0.0359*** (0.0009)	−0.0299*** (0.0009)	−0.0430*** (0.0007)
Statesh		−0.0420*** (0.0046)	−0.0424*** (0.0046)	−0.1087*** (0.0046)	−0.0171*** (0.0037)
K/L(log)		−0.0289*** (0.0009)	−0.0289*** (0.0009)	0.1762*** (0.0009)	−0.0416*** (0.0007)
Concentration			−0.5546*** (0.0510)	−0.2989*** (0.0515)	−0.6906*** (0.0411)
观测值	1379412	1379412	1379412	1379412	1379412
R^2	0.1044	0.1079	0.1080	0.1480	0.2170

(注:所有的回归都控制了时间和企业固定效应;括号内为标准差。*** 表示 $p<0.01$,** 表示 $p<0.05$,* 表示 $p<0.1$。下表同。)

对于控制变量而言,年龄和年龄的平方项分别显著为正和显著为负,这说明了随着企业年龄的增加,企业的生产率越高,但是生产率的提升到达最高点时会下降,这符合企业的生命周期规律。其次,国有股份占比越高的企业,其生产率越低,这与普遍认知相符。另外,资本劳动比的系数表现不一致,除第(4)列显示为正值,其他两项均为负,这说明资本劳动比对生产率的影响并不一致;最后,通过赫芬达尔指数度量的行业集中度系数为负即意味着行业垄断程度越高,其生产率反而越低,这也与经济学理论的预期相符。

2. 稳健性检验

本土企业的生产率增长可能主要得益于外资进入所带来的技术溢出效应,而不是市场竞争的推动。因此,我们需要在控制外资技术溢出效应的基础上进一步考察放松外资管制对本土企业全要素生产率的影响。本节采取艾特肯等人(Aitken et al.,1999)的度量方法,构造外资在各行业的比重:

$$\mathrm{fdi}_{jt} = \frac{\sum_i \mathrm{fsh}_{ijt} \times \mathrm{labor}_{ijt}}{\sum_i \mathrm{labor}_{ijt}} \tag{1}$$

其中 fsh_{ijt} 表示行业 j 的企业 i 在 t 年外资持股比例,labor 表示雇佣人数。将该变量加入模型(1)中,用以控制技术溢出对本土企业生产率的影响。表2-2-3报告了回归结果,使用LP方法衡量的全要素生产和人均工业增加值衡量的生产率均表明,在控制外国资本技术溢出后,取消外资管制有助于提高本土企业的全要素生产率。总结而言,在本研究中,本土企业生产率的提升主要来源于外资开放所引起的竞争效应,而并非外资的技术溢出效应。

表 2-2-3 稳健性检验

变量	(1) TFPLP(log)	(2) VADPC(log)
Post02	0.7848*** (0.0043)	0.8204*** (0.0044)
Lib×Post02	**0.0142*** (0.0039)**	**0.0321*** (0.0039)**
fdi	−0.0738** (0.0323)	−0.2357*** (0.0326)
Age(log)	0.1625*** (0.0033)	0.0943*** (0.0033)
AgeSq(log)	−0.0359*** (0.0009)	−0.0299*** (0.0009)
Statesh	−0.0423*** (0.0046)	−0.1084*** (0.0046)
K/L(log)	−0.0289*** (0.0009)	0.1762*** (0.0009)
Concentration	−0.5505*** (0.0511)	−0.2858*** (0.0516)
观测值	1379412	1379412
R^2	0.1080	0.1481

3. 外资开放促进全要素生产率增长的机制

本节从外资竞争的规模效应和激励效应两方面研究外资开放促进企业生产率增长的机制。其中规模效应主要是指在面对外资开放和竞争时，本土企业对生产要素投入的调整以及产出的变化。激励效应则是说本土企业在外资开放中研发密度的变化。本节主要运用三重差分模型，考察不同生产率水平的本土企业在中国加入WTO后投入产出规模和研发密度的变化,回归结果如表2-2-4所示。在各列中,被解释变量分别是劳动投入、资本投入、工业增加值和研发密度。在四列回归中,Lib×Post02的回归系数分别是-0.3152,-0.2502、-1.9082和0.0029。而Lib×Post02×TFPLP的系数分别是0.1039、0.0845、0.7002和-0.0010,与Lib×Post02的系数相反,且统计显著性高。这说明在外资开放和竞争的背景下,低生产率企业可能会加大研发投入来应对外资开放的冲击,但企业的产出规模大幅下降,当被解释变量是工业增加值时,Lib×Post02的系数要远远大于前两列的Lib×Post02系数,这意味着产出规模下降的幅度要远大于要素投入规模调整的幅度。因此可以断定,外资竞争挤占了低效率企业的市场份额,进而使得生产率较低的企业全要素生产率的进一步降低。从Lib×Post02×TFPLP的系数可以看出,较高生产率的企业,其工业增加值的扩大幅度要大于要素投入的增长幅度。因此,相比较而言,尽管高生产率企业的研发投入增长幅度较低,但规模经济效应改善了企业的全要素生产率。

表2-2-4 机制分析

变量	(1) Labor(log)	(2) Capital(log)	(3) VAD(log)	(4) R&D intensity
Post02	-0.0724*** (0.0023)	0.5747*** (0.0035)	0.8517*** (0.0036)	0.0009*** (0.0001)
Lib×Post02	-0.3152*** (0.0039)	-0.2502*** (0.0061)	-1.9082*** (0.0063)	0.0029*** (0.0003)
Lib×Post02×TFPLP	0.1039*** (0.0011)	0.0845*** (0.0018)	0.7002*** (0.0018)	-0.0010*** (0.0001)
观测值	1379412	1376769	1376687	1093688
R^2	0.0212	0.0715	0.2520	0.0004

(四) 结论

本研究利用中国加入 WTO 后各行业对外资开放程度的差异,深入探究外资开放所带来的行业竞争对本土企业全要素生产率的影响。本研究发现,外资开放促进了本土企业平均全要素生产率的增长。为了确保研究结果的稳健性,本研究控制了外资商业存在对内资技术溢出的影响,并发现外资开放对提升本土企业全要素生产率具有积极作用。进一步地,从对外资竞争影响企业生产率机制的分析发现,对于生产率较低的企业,外资开放使得负向的规模效应(产出和市场份额降低幅度大于要素投入降低的幅度)超过了正向的激励效应,阻碍了全要素生产率的增长;相反,生产率较高的企业有更强的能力应对外资竞争,并扩大了市场份额,获得了正向的规模效应(产出和市场份额提高幅度大于要素投入的幅度),因此外资开放对高生产率企业的全要素生产率具有积极影响。

中国经济的稳健增长对外资的逐步开放发挥着重要的作用,外资可能带来了先进的技术和管理经验,而且对外资的开放有助于加强市场竞争,优化社会主义市场经济竞争环境。本节的研究表明,对外资的开放,有利于加强市场竞争,推动内资企业的全要素生产率的增长,完善市场制度,减小国内市场的扭曲,有利于提高内资企业的竞争力,为中国经济的长远发展奠定了微观基础。

三、外资开放背景下民营企业生产率[①]

作为经济发展中的关键参与者,民营企业的健康发展已经成为政府

---

① 本节部分内容发表在《管理学刊》2018 年第 1 期。

和学术界关注的焦点。民营企业在国民经济发展中的重要性主要体现在历年的政府工作报告中。中国共产党的二十大报告和历年国务院政府工作报告均明确指出要全面落实支持非公有制经济发展的政策措施,让民营企业在市场经济浪潮中尽显身手。在中国经济向高质量转型发展的背景下,民营企业生产率的持续增长无疑是支撑其高质量发展的基石,这一点毋庸置疑。

本节将从企业生产率的角度出发,深入剖析民营企业生产率增长的根源。具体而言,主要关注的问题是,民营企业的生产率提升究竟是得益于民营部门资源配置的优化,还是其自身生产效率的提高?同时,我们也将探讨市场竞争如何促使民营企业进行动态的进入和退出,以及市场如何通过优胜劣汰的机制来优化资源配置。这里使用微观企业数据,通过扩展梅利茨等人(Melitz et al., 2015)生产率分解框架,试图对上述问题予以回答。

本节拓展了生产率分解(MP 生产率分解)方法(Melitz et al., 2015),区分了企业区位、企业所有制、企业融资依赖程度和企业所有制变化的情况,并对民营企业劳动生产率增长的来源进行了多维度的分解。本节研究表明,中国民营企业生产率提升主要依赖于企业自身资源配置效率的优化,这成为生产率变动的主要驱动力。特别地,那些金融依赖度较低的企业在生产率改进方面的贡献更大。同时,持续存在的民营企业以及出现外资企业民营化倾向(由外资控股转变为民营资本控股)的企业,是推动民营企业劳动生产率提高的重要力量。

本节与两类文献紧密相关,一类是关于企业资源配置方式的研究,另一类是关于企业生产率增长来源的研究。在理论层面上,制造业劳动生产率增长的关键因素主要包括企业自身生产率的提升,企业间的资源优化配置,以及市场进入和退出所带来的整体生产率的变化。企业自身能力的提升,特别是对于持续运营的企业而言,主要是通过内、外部资源的有效利用，不断改进生产流程和引进新技术，从而提升生产率。这包括了产品质量和工序的优化，以及引进新的生产工序及中间品，从而实现生产效率的提高。而企业进入和退出市场的行为可以看作是市场竞争引起的企业动态行为，这一过程常被看作是市场中存在"创造性毁灭"的机制所造成的，在许多经济增长理论中占据核心的位置（Garcia-Macia et al.，2016）。通常在企业退出或者进入市场的过程中伴随着资源在企业间的再配置过程。高生产率的企业更有可能实现规模扩张，而生产率较低的企业会逐渐减少市场份额，直至退出市场。这一类研究侧重说明了企业间资源配置对生产率提升的作用。

现有文献认为市场竞争造成企业的进入和退出对总生产率的贡献并不大（Griliches et al.，1995；Schmitz，2005；吴利学 等，2016）。其他研究则发现企业进入和退出对生产率的增长起到了重要贡献，如福斯特等人（Foster et al.，2006）发现美国零售业总生产率的提高几乎全归因于低效率企业的退出和高效率连锁店的进入。李玉红等人（2008）发现市场上企业演化导致的资源重新配置贡献了约一半的工业生产率的增长。勃兰特等人（Brandt et al.，2012）使用中国工业企业数据进行研究发现，企业的进入和退出行为对制造业 TFP 具有显著贡献，企业的进入、退出效应贡献了行业加总 TFP 增长的 2/3。毛其淋等人（2013）也发现企业更替对中国制造业企业的劳动生产率起到了重要贡献。杨汝岱（2015）使用中国工业企业数据进行研究则发现中国制造业生产率增长的主要来源是企业成长，随着企业成长空间的不断缩小，需要寻找新的增长模式来支撑企业的发展。其中，依托资源配置效率的改善是一个重要途径。

现有文献关于企业生产率增长的研究较为丰富，但也存在以下几点不足：一方面，相关研究很少使用微观数据进行研究，特别是关于中国特定企业类型的研究。伴随异质性企业理论的兴起，从微观企业层面分析生产率增长的来源逐渐成为学术界关注的热点，受限于相关数据的可得性,又因涉及中国的相关研究大多使用宏观数据对生产率增长问题进行研究,从而使得研究结论缺乏微观基础,并且也忽视了企业生产率增长的异质性。不仅如此,使用微观企业数据的相关研究,主要集中分析中国整体经济的生产率增长来源,而忽略了对特定企业类型的考察。众所周知,中国自20世纪80年代开始的渐进式改革模式使得经济长期存在多种经济主体,并且各经济主体之间的行为模式存在较大的差异。那么,使用包含各类经济参与主体的微观数据来分析经济整体的生产率增长情况,其研究结论本身就会受到不同经济决策模式的影响,从而影响研究结论的稳健性。而作为偏向于市场化导向的民营企业来说,其经济决策和行为模式因较少受到政府的影响,所以也更趋市场化,关于此类经济主体的研究结论与已有的国外研究更具有可比性,并且对合理分析民营企业生产率来源,制定相应政策也更加具有借鉴意义。另一方面,关于中国民营企业生产率增长的主要来源的研究结论还存在一些争议。一部分研究认为企业的优胜劣汰是企业生产率增长的主要来源,其他研究则认为,企业自身生产率的增长是企业生产率提升的关键因素。上述研究结论产生差异的主要原因有两点:一是没有根据数据信息对多种所有制类型企业进行分类;二是已有研究中企业样本的时间跨度存在差异;三是研究中使用的生产率分解框架引起的差异,现有研究中涉及生产率增长分解的方法较多,不同的分解方法会导致对生产率来源的不同部分所选择的参考生产率存在差异。

  本研究为了克服现有研究的不足,将选取民营企业生产率增长来源作为分析的重点,避免使其他经济参与主体影响分析结果,同时结合中国工业企业数据库展开相应的实证研究分析。并且,使用梅利茨等人(Melitz et al., 2015)的生产率分解(MP生产率分解)方法进行研究,该方法的优点是为不同生产率增长来源选取了较为合理的参考生产率,因此,能够较为准确地衡量生产率增长的来源。

（一）生产率增长分解框架与数据说明

现有研究为理解企业劳动生产率增长来源提供了较好的思路，通常来说，企业劳动生产率增长主要有四种来源，即企业内部通过调动自身资源来改变企业的生产率的企业内效应；企业间通过市场机制对资源进行再配置从而影响企业劳动生产率的企业间效应；新企业进入市场导致的进入效应和生产组织方式无法适应市场要求而退出市场带来的企业退出效应，进入效应和退出效应之和通常被看作是企业在市场上动态变化所带来的优胜劣汰效应。贝利等人（Baily et al.，1992）较早地对上述四种效应进行了分析（简称"BHC方法"），之后格里奇斯（Griliches et al.，1995）、福斯特（Foster et al.，2001）等人在此基础上进一步完善和发展了这一分析框架（分别简称为"GR方法"和"FHK方法"），尽管对已有方法有所改进，但GR方法和FHK方法还是存在容易高估企业净进入对总劳动生产率贡献的问题，而梅利茨等人（Melitz et al.，2015）的方法较好地解决了这一偏差。因此，利用MP方法对民营企业的资源配置作用进行针对性的分析。

1. MP生产率增长分解框架

MP方法拓展了奥利等人（Olley et al.，1996）的生产率分解方法，并指出现有研究在分解生产率时，对企业进入和退出的贡献存在一定的偏差。其具体的分解公式如下：

$$\Delta \Phi = (\Phi_{S2} - \Phi_{S1}) + s_{E2}(\Phi_{E2} - \Phi_{S2}) + s_{X1}(\Phi_{S1} - \Phi_{X1})$$
$$= \Delta \varphi_S + \Delta \text{cov}_S + s_{E2}(\Phi_{E2} - \Phi_{S2}) + s_{X1}(\Phi_{S1} - \Phi_{X1}) \quad (1)$$

(1)式中，S、E和X分别表示存活企业、新进入企业和退出企业的集合；

$\Delta\Phi = \Phi_2 - \Phi_1$，表示两期加总劳动生产率之差，其中 $\Phi_t = \sum_i s_{it}\varphi_{it}$，$\Phi$ 为加权劳动生产率，s_{it} 为权重（参考 MP 方法的做法，使用企业就业人数占所有当期就业人数的比重作为权重），表示企业 i 在 t 时期就业人员占该时期全部就业人员的比重，其值大于 0，且满足 $\sum_i s_{it} = 1$，φ_{it} 为企业 i 在 t 期的劳动生产率，运算时对 φ_{it} 取对数，因此 $\Delta\Phi$ 的含义变为行业加总劳动生产率的增长率；$s_{Gt} = \sum_{i \in G} s_{it}$，表示所有属于某一类企业 G 的企业市场份额的加总；$\Phi_{G1} = \sum_{i \in G}(s_{it}/s_{Gt})\varphi_{it}$ 表示某类企业 G 的加权劳动生产率；借鉴奥利等人（Olley et al.，1996）的分解方法，

$$\Phi_t = \bar{\varphi}_t + \sum_i (s_{it} - \bar{s}_t)(\varphi_{it} - \bar{\varphi}_t)$$
$$= \bar{\varphi}_t + \text{cov}(s_{it}, \varphi_{it}) \tag{2}$$

(2)式中 $\bar{\varphi}_t = \frac{1}{n_t}\sum_{i=1}^{n_t}\varphi_{it}$，表示企业的算数平均劳动生产率；同理，$\bar{s}_t = \frac{1}{n_t}$ 为企业的算数平均市场份额。(1)式第二行从左数每一项可以表示为企业内效应、企业间效应、进入效应和退出效应。该分解方法为每类企业找到了较为合适的参考生产率，因此该方法在一定程度上放松了前面两种分解方法中进入、退出和存活企业只对应一个固定参考生产率的做法。在此需要指出的是，当进一步利用 MP 方法研究不同类型企业对劳动生产率变动的贡献时，需要将(1)式第二行的四项进一步拓展，将(1)和(2)合并进一步分解得到如下公式：

$$\Delta\Phi = \Delta\bar{\varphi}_S + \Delta\text{cov}_S + s_{E2}(\Phi_{E2} - \Phi_{S2}) + s_{X1}(\Phi_{S1} - \Phi_{X1})$$
$$= \frac{\sum_{i \in S}\varphi_{S2i} - \sum_{i \in S}\varphi_{S1i}}{n_S} + \Big[\sum_{i \in S}(s_{i2} - \bar{s}_2)(\varphi_{i2} - \bar{\varphi}_2)$$
$$- \sum_{i \in S}(s_{i2} - \bar{s}_2)(\varphi_{i2} - \bar{\varphi}_2)\Big]$$

$$\begin{aligned}
&+ s_{E2}(\Phi_{E2} - \Phi_{S2}) + s_{X1}(\Phi_{S1} - \Phi_{X1}) \\
&= \left[\frac{\sum_{i \in S_{G1}} \varphi_{S2i} - \sum_{i \in S_{G1}} \varphi_{S1i}}{n_S} + \cdots + \frac{\sum_{i \in S_{GL}} \varphi_{S2i} - \sum_{i \in S_{GL}} \varphi_{S1i}}{n_S} \right] \\
&+ \Big\{ \Big[\sum_{i \in S_{G1}} (s_{i2} - \bar{s}_2)(\varphi_{i2} - \varphi_2) \\
&- \sum_{i \in S_{G1}} (s_{i2} - \bar{s}_2)(\varphi_{i2} - \varphi_2) \Big] + \cdots \\
&+ \Big[\sum_{i \in S_{GL}} (s_{i2} - \bar{s}_2)(\varphi_{i2} - \varphi_2) - \sum_{i \in S_{GL}} (s_{i2} - \bar{s}_2)(\varphi_{i2} - \varphi_2) \Big] \Big\} \\
&+ [s_{E2G1}(\Phi_{E2} - \Phi_{S2}) + \cdots + s_{E2GL}(\Phi_{E2} - \Phi_{S2})] \\
&+ [s_{X1G1}(\Phi_{S1} - \Phi_{X1}) + \cdots + s_{X1GL}(\Phi_{S1} - \Phi_{X1})] \quad (3)
\end{aligned}$$

上式中下标$G1,\cdots,GL$表示企业类型,(3)式最后一个等式为最终分解使用的公式,其公式中第一个中括号内为不同企业的企业内效应,例如 $\dfrac{\sum_{i \in S_{G1}} \varphi_{S2i} - \sum_{i \in S_{G1}} \varphi_{S1i}}{n_S}$ 表示企业 G1 的企业内效应对劳动生产率增长的贡献,以此类推;大括号中为不同类型企业的企业间效应,大括号中的每一个中括号内表示相应类型企业的企业间效应;(3)式倒数第二行为相应的企业进入效应,倒数第一行为不同类型企业的退出效应。

2. 数据说明

本节的样本来源于 2001 年和 2007 年国家统计局统计的工业企业微观数据,其统计对象涵盖了全部国有和规模以上(主营业务收入在 500 万元以上)的非国有企业。该数据库包括计算企业劳动生产率所需的企业工业增加值、企业就业人数等信息,以及判断企业是否出口的出口交货值等信息。参考已有研究(Baldwin et al., 2003; Brandt et al., 2012; Melitz et al., 2015),他们使用企业工业增加值和企业就业人数之比衡量企业劳动生产率,其中企业工业增加值利用勃兰特等人(Brandt et al., 2012)构造的产出价格指数进行平减。但是由于中国工业企业数据库存在样本匹配度不良、变量大小异常、测量误差明显和变量定义模糊等较为严重的问题(聂辉华 等,2012),为保证样本数据的可靠性,我们对中国工业企业数据库的原始数据进行了以下处理:

参考谢千里(2008)、蔡(Cai et al.,2009)、余淼杰(2011)、勃兰特(Brandt et al.,2012)、聂辉华(2012)和余(Yu,2015)等人的处理方法,首先,剔除主要变量异常的观测值,如剔除主营业务应付工资总额、本年应付福利费用总额、本年折旧、流动资产合计、资产合计、流动负债合计、负债合计、工业总产值、工业增加值、实收资本、固定资产净值和固定资产合计等变量小于零或缺失的观测值。其次,剔除企业主营业务收入小于500万元的观测值和企业雇员人数少于8人的观测值。再次,剔除明显违反会计准则的观测值,如流动资产大于总资产、累计折旧小于当年折旧、总固定资产超过总资产、固定资产净值超过总资产、企业成立时间年月异常的企业。最后,为了防止样本中极端值对分析结果产生影响,对总资产、就业、总产值、固定资产净值、主营业务收入、固定资产合计、实收资本以及劳动生产率(工业增加值与就业人数之比衡量)等变量前后1%观测值进行截尾处理。

为尽可能统一企业的生产行为,并且尽可能反映企业的真实技术水平,借鉴杨汝岱(2015)的处理方法,假设同行业企业的生产模式较为接近,然后以两位数行业分类为基础,保留13—43大类制造业行业。在此基础上,以企业实收资本作为判断依据对企业所有制进行识别,然后将涉及的民营企业予以保留,剔除其他类型企业。

在识别企业进入和退出行为时,以2001年为基准,将2001年出现在数据库中但2007年在数据库中消失的企业视为已退出市场,同时,将2001年和2007年均在数据库中的企业视为持续运营的企业,而那些在2001年未在数据库中出现但在2007年出现在数据库中的企业,则被视为新进入市场的企业。实际操作中，仅凭连续两年的数据来判断企业的进入和退出行为可能会导致误判。特别是非国有企业，可能会因为规模的变化而从规模以上变为规模以下，从而被误判为退出企业，或者由于非国有企业从规模以下变为规模以上被误判为新进入企业。为了尽量减小这种判断误差，选取2001年和2007年的数据来判断企业的进入和退出行为。在具体识别企业的进入和退出策略时，可以参考勃兰特等人（Brandt et al.，2012）的研究方法，首先采用企业法人代码进行识别相同企业，然后使用企业名称进行匹配。再采用"地区＋法人代码"进行匹配。最后，勃兰特等人（Brandt et al.，2012）采用"邮政编码＋行业代码＋主要产品＋所在县名称＋开工年份"的策略识别剩余未匹配的企业，但存在较为明显的误差，其忽略了同一地区有不同的企业会同时从事某一行业。因此，参考杨汝岱（2015）的做法，采用"地区代码＋电话号码＋开工年份"来进行匹配。

（二）民营企业生产率增长来源分解结果

1. 总体分解结果

表2-3-1是民营企业劳动生产率变动的分解情况，从表中可以看到，民营企业劳动生产率的增长几乎全部来源于存活企业，存活企业贡献了民营企业增长的101.68%，企业的净进入对民营企业劳动生产率增长的贡献为负，净进入贡献了民营企业劳动生产率增长的－1.68%。上述结果与勃兰特（Brandt et al.，2012）和梅利茨（Melitz et al.，2015）等人的结果存在较为明显的不同，原因在于分析的对象以及分解方法与上述研究存在一定差异。同时，上述结果也表明中国经济发展中缺乏必要的优胜劣汰机制，一方面与市场中存在大量的行政审批等进入壁垒有关，另一方面，在双轨制改革下，政府对国有企业的过度保护，导致民营企业竞争

环境欠佳。当资源投入与政治关系相关联时,市场就无法有效筛选高效率的民营企业。

在存活企业对民营企业劳动生产率增长的贡献中,企业内效应对民营企业劳动生产率增长的贡献最大,高达85.78%,企业间效应对民营企业劳动生产率增长的贡献却只有15.90%;在企业的净进入效应中,企业进入市场对民营企业劳动生产率增长的贡献是负面的,而企业退出效应对民营企业劳动生产率增长的贡献为正,然而,由于进入市场的效应绝对值高于退出效应,这导致整体的净进入效应对民营企业劳动生产率增长产生了负面影响。上述结果意味着,中国经济发展中缺乏提升民营企业生产率的市场机制,特别是对于民营企业较为重要的要素资源配置机制,这说明民营企业的市场进入机制还有待完善。

表 2-3-1 民营企业劳动生产率变动分解情况

(单位:%)

劳动生产率	存活企业合计	净进入	存活企业合计		净进入		合计
			企业内效应	企业间效应	进入	退出	
分解值	80.40	−1.33	67.83	12.57	−2.04	0.71	79.07
贡献率	101.68	−1.68	85.78	15.90	−2.58	0.90	100.00

2. 不同区位企业分解结果

中国经济发展面临较为严重的区域发展不平衡的问题,民营企业整体劳动生产率增长可能与企业区域分布相关。表2-3-2是区分不同地区民营企业劳动生产率增长的分解情况,由表可知:

民营企业劳动生产率增长来源呈现东、中、西部和东北地区依次递减的特点,东部地区的民营企业在各类效应中,对民营企业劳动生产率增长的贡献最大,明显超过其他地区。东部地区的企业内效应、企业间效应以及企业退出效应,对民营企业劳动生产率增长的贡献率分别为58.23%、10.01%、0.58%。

在企业进入效应方面,各地区的贡献呈现出类似的分布特点。东、中、西部和东北地区对民营企业劳动生产率增长的负向贡献依次递减。东部地区、中部地区、西部地区和东北地区的企业进入效应对民营企业劳动生产率增长的贡献率分别为-1.71%、-0.44%、-0.26%和-0.17%。

上述区域分布特征的形成与中国经济发展的格局一致,形成这一格局的原因一定程度上与中国区域发展战略相关。改革开放以来,中国率先开放沿海区域,并配套相应的基础设施建设,要素和企业在空间上逐渐形成东、中、西部和东北地区逐级集聚的特点,在此基础上民营企业的生产效率得以逐级发挥。

表 2-3-2　分地区民营企业劳动生产率增长分解情况

(单位:%)

效　应		分解值	贡献率
企业内效应	东部企业	46.04	58.23
	中部企业	11.36	14.37
	西部企业	7.73	9.77
	东北企业	2.70	3.41
企业间效应	东部企业	7.91	10.01
	中部企业	2.08	2.64
	西部企业	2.06	2.61
	东北企业	0.51	0.65

续　表

效　　应		分解值	贡献率
进入效应	东部企业	−1.35	−1.71
	中部企业	−0.35	−0.44
	西部企业	−0.21	−0.26
	东北企业	−0.13	−0.17
退出效应	东部企业	0.46	0.58
	中部企业	0.14	0.17
	西部企业	0.09	0.11
	东北企业	0.03	0.04
总　　计		79.07	100.00

3. 所有制变动企业分解结果

表2-3-3罗列了相关所有制变动的民营企业对劳动生产率变动的贡献率。所有制变动必然要求企业在市场上能够存活，因此将主要关注存活所有制变动企业资源配置效应，由表可知：

持续民营企业的企业内效应和企业间效应均居于各类企业之首，表明其在资源配置效率上具有显著优势；外企民营化的企业内效应和企业间效应在各类企业中表现次之，这表明外资企业的民营化对中国民营企业的劳动生产率的提升起到了重要作用。集体民营化企业的企业内劳动生产率增长对整体劳动生产率的贡献大于对应的国企民营化企业，而国企民营化企业的企业间资源配置促使劳动生产率增长对整体劳动生产率的贡献又大于对应的集体民营化企业。所以，从整体上来说，集体民营化对整体劳动生产率的提升作用超过了国企民营化企业；民企国有化和民企集体化的企业内部效率的提升对劳动生产率的正面影响远超过该类企业间的资源配置所带来的效率改善,特别是对于呈现民营企业集体化趋势的企业,其企业内效应仅次于国企民营化企业。这说明在中国渐进式转轨过程中,因产权等体制机制的不健全,集体企业作为民营企业的过渡形态,在缺乏制度保障的情况下,成为中国经济转型期间民营企业的一种方法替代;相比之下,外资兼并的民营企业在提升民营企业整体劳动生产率方面的作用较小,这进一步说明该类企业对民营经济的溢出效应较为有限。

表 2-3-3 劳动生产率变动的贡献率

(单位:%)

效 应		分 解 值	贡 献 率
企业内效应	国企民营化	3.31	4.18
	集体民营化	7.31	9.24
	外资兼并民企	1.04	1.32
	民企国有化	0.54	0.69
	民企集体化	2.67	3.37
	外企民营化	14.50	18.33
	持续民营	38.47	48.65
	合 计	67.83	85.78
企业间效应	国企民营化	2.12	2.68
	集体民营化	1.29	1.64
	外资兼并民企	0.20	0.26
	民企国有化	0.29	0.37

续 表

效 应		分解值	贡献率
企业间效应	民企集体化	0.27	0.34
	外企民营化	3.19	4.03
	持续民营	5.21	6.58
	合　计	12.57	15.90
总　　计		80.40	101.68

（三）结论

目前，中国经济过于依赖大量投入资源要素的经济增长模式已经难以持续，因此，提高生产率成为推动经济转型升级的关键。作为中国经济发展中的重要参与主体，民营企业的稳定和持续发展备受瞩目，民营企业持续增长的潜在动力，对中国经济成功转型升级具有重要的现实意义。另外，本节将从民营企业劳动生产率增长切入，利用微观企业数据进行分析，通过扩展梅利茨等人（Melitz et al., 2015）的生产率分解框架，分析了中国民营企业劳动生产率增长的主要来源。根据本节研究发现：

1）从整体上来看，民营企业劳动生产率增长的绝大部分来自存活企业自身生产率的提高，而企业的进入和退出对于民营企业劳动生产率增长的贡献为负。这意味着优胜劣汰的机制是支撑民营企业发展的重要举措。

2）从企业区位上来看，民营企业劳动生产率增长的主要来源呈现东、中、西部和东北地区的空间分布特征，并且贡献程度依次递减。

3）在涉及所有制变化的民营企业中，持续存活的民营企业自身生产率的提高和企业间资源配置效率的改善，对民营企业整体劳动生产率增长贡献最大，外企民营化企业的企业内和企业间效应对整体劳动生产率提高的贡献仅次于持续民营企业，但兼并民营企业的外资企业无论在企业内或企业间效应上对整体劳动生产率的贡献均相当小。

四、本章小结

自1978年以来，中国利用外资促进经济发展的成就令人瞩目。这一过程可以分为探索期、快速发展期、腾飞期和高质量开放期四个阶段。外商直接投资在中国经济中发挥了重要作用，涉及固定资产投资、工业产出、税收、就业、研发和创新等多个方面。在中国经济稳健的增长过程中，对外资的逐步开放，增强市场竞争，对于资源配置效率的提升以及企业生产率的提升起到了关键作用。本章研究表明，对外资的开放，加强市场竞争有利于推动内资企业的全要素生产率的增长，不仅完善了市场制度，减小了国内市场的扭曲，还有利于提高内资企业的竞争力，为中国经济的长远发展奠定了重要的微观基础。

对民营企业生产率的分解结果显示，民营企业劳动生产率增长来自存活企业自身生产率的提高，而企业的进入和退出对民营企业劳动生产率增长的贡献为负。这表明，为了支持民营企业的成长，需要建立必要的优胜劣汰机制。基于本章的研究，提出以下政策建议：

（1）营造公平竞争的市场环境，确保企业能够在公平的环境中进行竞争，以促进其生产率的提升。（2）培育优胜劣汰机制，为了民营企业持续健康发展增长动力，需要建立和培养有效的优胜劣汰机制。（3）推广制度安排，中国政府可以考虑将正面清单、负面清单、登记备案制和法律保障四维一体的制度安排在各领域全面推广，以降低企业进入市场的门槛和成本。(4)规范收费管理,对于涉及向企业征收费用的部分,采取正面清单制管理。对于涉及企业市场准入的情况,采取负面清单管理,法无禁止即可为。

继续推进内陆开放,进一步优化民营企业的区域分布。中国民营企业的劳动生产率增长主要来源于东部民营企业,这在一定程度上与我国经济发展中优先开放沿海地区相关。在未来,民营企业在内陆和东北地区的增长空间非常有潜力,将进一步降低民营企业在上述地区的注册、经营、生产和运输成本,推动内陆和东北地区贸易与投资的对内、对外开放,营造良好的营商环境,这些对于在上述地区民营企业的集聚和发展中有着重要意义。

简化民营企业股份变更程序,大力支持民营企业(被)收购和兼并。外企民营化企业的企业内和企业间效应对整体劳动生产率提高的贡献仅次于持续民营企业,但兼并民营企业的外资企业在企业内和企业间效应上对整体劳动生产率的贡献均相当小。出现上述现象的主要原因在于外资对华投资中较为严格的股比限制,因此为了进一步促进民营企业和外资企业的合作与发展,需要简化涉及民营企业和外资企业间的股权和股比变动的相关程序,并降低或取消对外资在华兼并收购存在的股比限制。这样的措施将有助于提高市场灵活性,增强外资对华投资的信心,进而促进中国经济的持续发展。

第三章 | 外资并购与目标企业海外市场扩张[①]

- 一、理论分析与研究假说
- 二、实证设计与变量选取
- 三、实证检验与结果分析
- 四、本章小结

[①] 本章部分内容发表于《国际贸易问题》2024年第2期。

第三章 外资并购与目标企业海外市场扩张

改革开放以来,中国经济从封闭走向开放,这是一个国内循环和国际循环相互融通的过程。根据经济学家刘遵义的观点,从20世纪80年代到90年代初,中国的国际、国内两个循环相互独立,但国内循环占据主导地位;1993年以后,随着外资逐步进入,中国的国际循环不断扩大(Lau,2020)。中国现今已成为140多个国家和地区的主要贸易伙伴,出口总量从1980年到2022年增长了883倍,进口增长了604倍,其中,外资在连通国内和国际市场中发挥着重要作用。

明确外资推动中国国际循环不断扩大的理论机制与微观基础,对于当前借助外资加快构建新发展格局具有重要意义。党的二十大报告中指出"依托我国超大规模市场优势,以国内大循环吸引全球资源要素,增强国内国际两个市场两种资源联动效应,提升贸易投资合作质量和水平"。与其他发展中国家相比,庞大的国内市场已经成为中国吸引外资的优势,关键是如何利用外资促进中国以更高水平参与国际循环。企业作为市场主体,其贸易行为的变化、海外市场的调整以及市场空间的拓展是深度参与国际循环的微观基础。可见,探究外资进入对企业海外市场扩张的影响既是扩大开放和促进经济增长的切实需求,也为国内和国际循环的相互融合提供有益参考。

外资影响东道国企业表现的重要渠道是溢出效应,现有研究通过行业间及行业内的溢出机制充分探讨了外资进入对本土企业的影响(Aghion et al.,2009;李平 等,2020;毛其淋 等,2020)。但极少有研究从因果关联的角度分析外资进入与目标企业贸易行为之间的关系。例如,关于外资进入和本土企业的海外市场扩张,大量研究聚焦于外资对出口的影响,研究发现外资进入对内资企业的出口同时存在促进作用和抑制作用。樊娜娜(2018)发现行业、地区层面的外资进入有利于本土企业增加新产品种类,减少旧产品种类。黄远浙等人(2017)发现行业外资水平对本土企业出口的影响较小。张鹏杨等人(2022)从后向关联视角切入,发现下游行业的外资份额提高导致上游本土企业出口产品多样性消失。从出口国内增加值的角度出发,当前的研究发现外资进入对提高本土企业出口国内附加值具有积极作用(Kee et al.,2016;张杰 等,2013;张鹏杨 等,2018)。在上述文献中,研究者们主要关注了行业或地区层面的外资进入对本土企业出口的影响,包括了内资企业和外资进入的目标企业。本章将对外资并购对目标企业的影响进行深入探讨,并对内资和外资企业做出严格的区分。

现有研究多关注外资并购对目标企业经营业绩、生产率、生存时间等绩效表现的影响。在经营业绩方面,吕若思等人(2017)采用倾向得分匹配法和双重差分法,研究发现外资并购显著提高了目标企业的息税前利润、工业增加值等;周浩等人(2019)采用同样的方法,得出外资并购在短期内对目标企业的息税前盈余产生了负面的影响。在生产率方面,阿诺德(Arnold et al.,2009)、刘(Liu et al.,2017)等人发现外资有助于促进目标企业生产率提升,蒋殿春等人(2018)通过倾向得分匹配法和双重差分法,发现被外资并购后,目标企业生产率显著提升且该提升效应具有一定持续性。部分研究则发现外资并购没有带来生产率提升效应,如,采用得分匹配法和最小二乘回归方法进行研究,发现外资并购对目标企业的生产率没有任何影响(Wang et al.,2015)。关于目标企业的生存,已有比较一致的文献结论,发现外资并购会增加目标企业的生存时间,降低企业退出风险(Bandick et al.,2010;高凌云 等,2019)。此外,外资并购还会提高目标企业的产能利用率、创新能力(毛其淋 等,2022;张鹏飞 等,2021)。因此,目前的研究主要从外资并购的视角探讨外资并购对目标企业绩效的影响。然而,关于外资并购如何影响目标企业的海外市场扩张,尤其是对进口的影响,仍需进一步深入研究。

本章聚焦外资并购对目标企业的影响,并着重分析了目标企业在被并购后海外市场扩张的表现,揭示了外资进入如何通过提高目标企业的生产率,帮助企业更好地融入海外市场,这一发现为理解中国引进外资、促进企业国际化的过程提供了新视角。另外,考虑到外资并购倾向于选择生产率高、规模大的企业,当前研究多采用倾向得分匹配法和双重差分法进行实证检验,而倾向得分匹配法从概率的角度选择对照组,该方法的合理性受到伊克斯等人(Iacus et al., 2012)及其他学者的质疑。而本章采用广义精确匹配法模拟完全隔离实验,结合双重差分法,进行实证研究。最后,本章在研究中充分考虑了外资并购对目标企业进出口行为的影响,不仅检验了外资并购对企业进出口倾向、进出口市场范围的影响,还检验了外资并购对目标企业贸易二元边际的作用,这使本研究所得结论更加全面可靠。

一、理论分析与研究假说

国际直接投资的垄断优势理论提出,跨国公司特有的技术、资金和管理优势有助于克服和降低其进入海外市场的壁垒和成本。依托专有优势,跨国公司并购海外已有的企业并控制并购企业的经营管理,通过内部组织体系以较低的成本转移其特有优势,引进先进技术、注入国际资本、分享管理经验和海外分销网络,对资源进行重新整合和配置,不断提高目标企业的国际竞争力。

对于目标企业来说,在开拓海外市场的过程中,因为缺乏关于潜在出口目的地和进口来源地的市场特征、营销网络以及运输渠道等关键信息的了解,需要大量的资金支持并支付信息搜索成本来获取这些市场信息并开展国际化业务。跨国公司的并购行为将资本直接注入目标企业,有助于缓解企业的融资约束,为目标企业提供拓展海外市场的充足资金。同时,外资并购赋予目标企业在信息沟通方面的优势,通过给东道国企业传递先进技术、市场特征等显性知识以及管理经验、分销渠道等隐性知识(Keller et al., 2009;Ramondo et al., 2013;邵朝对 等,2021),促进目标企业的海外市场扩张,增加其出口倾向和进口倾向,这是外资并购对目标企业直接作用的体现。

因此,基于上述分析,本节提出以下假说:

假说1:外资并购能够增加目标企业的出口倾向和进口倾向。

跨国公司利用垄断优势并追求规模经济,是外资并购影响目标企业进出口表现的主要原因。外资企业所带来的技术知识等信息的溢出有益于目标企业降低信息不对称、减少搜索成本,进而促进海外市场扩张。由于国外市场对东道国产品质量和可信度可能存在质疑,造成东道国企业和外国消费者之间的信息不对称。而外资进入东道国可以帮助当地企业缓解信息不对称引起的市场参与成本过高的问题。一方面,国外采购商可以通过已经进入东道国的外资企业获取信息,识别东道国高质量的供应商以及了解东道国的市场需求,促进东道国企业进入更广阔的海外市场(Head et al., 2014;周康,2015)。另一方面,被并购的企业能够借助并购方的外部市场信息以及国际营销网络,降低自身开拓新市场的成本,有助于拓展供应商来源,在更大范围内寻找最符合自身需求的进口品。

为了追求规模经济,跨国公司通过直接投资的方式布局全球生产网络,将各个生产工序配置在成本最低的区位,或是利用海外子公司的生产服务满足邻近市场的需求,又或是促进各个海外子公司专注于差异化产品的规模生产,这些策略都促进了中间产品和最终产品的国际流动。在这一过程中,被并购的企业深度参与跨国公司协调的全球价值链,扩大了其市场贸易范围。因此,外资并购增加了目标企业的出口和进口的市场范围。

因此，基于上述分析，本节提出以下假说：

假说2：外资并购有助于扩大目标企业的出口和进口的市场范围。

外资并购对目标企业进出口表现的影响，重点之一是溢出效应。由于企业具有学习能力，目标企业接受外资并购后，将主动参与跨国公司的生产活动，并通过与母公司之间的联系，获得更高质量的技术和中间投入，从而促进目标企业在此过程中不断地学习、积累经验。外资并购带来的技术溢出能够帮助目标企业提高生产效率。新贸易理论指出，企业的生产率及其面临的海外市场参与成本决定了企业的出口行为，高生产率的企业在克服海外市场的参与成本后，可以成为一个出口企业，甚至出口到更多国家（Melitz，2003）。生产率的提高有利于目标企业克服较高的海外市场进入壁垒，开拓新的出口市场。从进口角度看，外资并购带来的生产率提升使目标企业有能力对接外资企业的母公司生产销售网络，并使目标企业采购中间品及零部件的来源地更加多元化，同时生产销售网络的扩展有助于目标企业进一步拓宽进口市场的覆盖范围。而生产率的提升将增加企业利润，利润的提高使企业有更多资金用于进口高质量产品以及拓宽进口市场的覆盖范围。因此，外资并购对于东道国目标企业的出口和进口市场范围的调整具有促进作用。

因此，基于上述分析，本节提出以下假说：

假说3：外资并购通过影响目标企业生产率进而作用于其海外市场扩张。

外资并购通过"总部效应"影响目标企业的进出口表现。内部化理论指出，为了克服市场失灵和降低交易成本，跨国公司将其资源在国际市场进行内部转移（Buckley et al.，2010），实现信息的内部化以及中间品交易的内部化等。跨国公司因此可以将生产的不同环节配置布局在优势区位上，在全球范围内进行一体化生产和销售。通过外资并购，跨国公司能够更快地组织全球生产和销售，利用要素成本的差异重新安排生产，并最大化贸易利益,目标企业也由此成为跨国公司复杂供应链网络中的成员。而跨国公司的母公司作为总部,会给目标企业带来深远的影响,不同来源地的外资对目标企业进出口表现的影响存在差异。

进入中国大陆(内地)的外资主要来自中国的香港、澳门、台湾地区(以下简称"中国港澳台地区")以及 OECD 国家,且相比于 OECD 国家,中国港澳台地区的外资技术更高(Lin et al.,2009),外资总部和目标企业之间的地理距离也更近。目标企业的生产和销售活动受到其总部的组织和协调,当目标企业被地理距离较远的外资并购后,一方面,技术较强的跨国公司有能力在全球寻找最佳生产区位;另一方面,总部和目标企业之间会进行中间产品的贸易活动,并且扩大了企业决策的地理范围,从而促进了目标企业的出口和进口,并拓宽了其出口和进口市场的覆盖范围。而当这些企业被地理距离较近的中国港澳台地区的外资并购后,其总部可能在其经营的市场上拥有较为完整的经营结构,但其技术优势不足以实现全球生产,目标企业在一定程度上倾向于服务中国市场。因此,不同来源地的外资并购对目标企业的进出口倾向和市场范围产生了不同的影响。

因此,基于这一观察,本节提出以下假说。

假说 4:外资并购通过总部效应影响目标企业海外市场扩张,来自非中国港澳台地区的并购方对目标企业海外市场扩张的影响更大。

二、实证设计与变量选取

(一) 数据来源

本节主要使用了两套数据库。第一套是中国工业企业数据库,该数据库包括全部国有企业以及规模以上(年销售收入在500万元以上)的非国有工业企业,包含了大量的财务会计变量和详尽的企业层面信息,例如企业类型、所属行业、工业增加值、全部职工数、企业出口额、实收资本、中国港澳台地区投资资本以及其他外商投资资本等信息。参照现有文献的标准做法(如Feenstra et al.,2014),按照如下规则对数据进行了清理:第一,剔除了关键变量(固定资产、总资产、职工人数、企业年产值以及年度销售额)缺失的观测值;第二,删除了不符合会计记账原则的观测值,如总资产小于流动资产或固定资产的样本,实收资本小于零的样本以及当年折旧大于累计折旧的样本;第三,剔除企业雇佣的工人数量低于8人的样本。由于2008年和2009年的数据报告中没有外商实收资本金和中国港澳台地区实收资本金,据此无法准确判断企业所有权的变化情况,本节选取2000—2007年的数据作为研究样本。

第二套是海关数据库。基于研究需要,根据余(Yu,2015)对两套数据库进行结合,具体方法是根据企业的中文名称和年份进行匹配,在原样本中保留已经结合成功的样本。然后,按照邮政编码和电话号码进一步匹配剩余样本,再保留已经匹配成功的样本。接下来,根据邮政编码和联系人信息识别两套数据库剩余样本中相同的企业;最终,成功获得80907家工业企业具有出口、进口以及海外市场的信息。

(二) 变量定义

1. 外资并购的识别

由于中国工业企业数据库中没有与外资并购相关的变量信息,本节依据登记注册信息和实收资本信息判断某个内资企业是否受到外资并购。当某个企业在某一年的注册状态从内资企业变为外资企业,且法人代码未变,同时,该企业的外来资本占总实收资本的比例从0上升到

25%以上,且在后续年份中该比例始终没有减少,该企业则被认为是外资并购。根据上述识别方法,共识别出 1757 个外资并购案例。

图 3-2-1 展示了外资并购的行业分布,从图中可以看出,并购发生较多的行业为纺织业和服装、鞋、帽制造业,其次是化学原料及化学制品制造业和电气机械及器材制造业,这些行业的并购交易案例均超过 100 件。从整体上看,外资并购案例在行业层面的分布相对较为分散,没有明显的集中趋势。

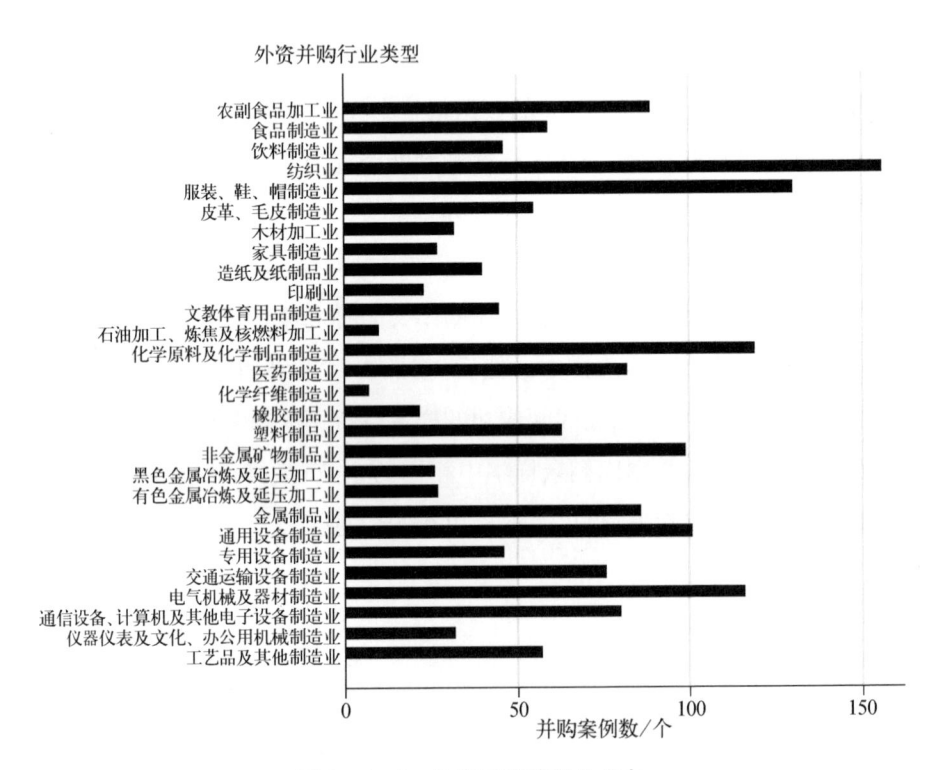

图 3-2-1 外资并购的行业分布

2. 被解释变量

模型的被解释变量是目标企业的海外市场扩张,包含进出口倾向和进出口市场范围两个方面。具体来说,根据中国工业企业数据库和海关数据库的匹配数据,观测企业当年是否存在出口行为和进口行为,并以此衡量企业的出口倾向、进口倾向。在计算企业的进口市场数量、出口市场数量时,将进口市场数量、出口市场数量分别加 1 之后取自然对数,作为进出口市场范围的衡量指标。

(三) 模型设定

由于外资并购在目标企业的选择上,存在"劣弃优选"的内生性问题,即规模较大、表现较好的企业会吸引外资并购。如果使用传统的最小二乘回归方法,所得到的实证结果可能存在偏误。本节采用广义精确匹配法和双重差分法进行实证检验。

1. 匹配过程与平衡性检验

匹配是对数据的预处理,其基本思路是在内资企业中为被并购企业构造"对照组",使得组内企业具有相同的可能性被外资并购。根据金(King et al.,2019)以及杨超(2019)等人的研究方法,本节采用广义精确匹配法为被外资并购企业匹配对照组,将匹配过程限定在行业-年份的单元内,每一个单元至少有两个企业来自不同的组别,即至少一个企业属于被外资并购组,另一个企业属于未被外资并购的内资企业组。再进一步使用外资并购发生前的企业特征进行匹配。根据已有研究(Liu et al.,2017),通过匹配使两组企业在生产率、生产率增长、企业年龄、出口销售比、雇佣规模、资本劳动比六个特征维度上相似。其中,企业生产率使用李文森等人(Levinsohn et al.,2003)提出的方法进行计算;生产率增长由企业当年生产率与上年生产率的差值,再除以企业上年生产率得到;企业年龄为当年年份和开业年份的差值,雇佣规模即企业的从业人数,出口销售比用出口额与销售额的比值衡量,资本劳动比用固定资产与从业人数的比值衡量。

表3-2-1的回归结果表明匹配变量对于内资企业是否被外资并购具有一定的预测能力,企业生产率越高、出口销售比和资本劳动比越大、雇佣规模越大且企业年龄越小,则越容易被跨国公司选择成为并购对象。值得注意的是,生产率增长的系数在回归中不显著,但是考虑到生产率增长代表企业的增长前景,并且是外资并购决策的重要变量,因此,本节结合现有文献,仍然将此变量作为企业特征用于构造对照组。

表3-2-1　外资并购的影响因素

变　　量	(1) Prob.(并购=1)
生产率	0.103*** (0.015)
生产率增长	0.029 (0.018)
企业年龄	−0.231*** (0.041)
出口销售比	0.480*** (0.036)
雇佣规模	0.112*** (0.013)
资本劳动比	0.119*** (0.010)

续　表

变　量	(1)
	Prob.（并购＝1）
Pseudo R^2	0.126
Prob.＞chi2	0
样本量	568559

（注：对样本进行回归分析时，所有的解释变量均取滞后一期；回归中控制了时间、地区和行业固定效应；括号内为 z 值；*** 表示 $p<0.01$，** 表示 $p<0.05$，* 表示 $p<0.1$。）

表3-2-2描述了各变量在外资并购前、后的均值和标准差以及均值离差，可以发现外资并购使得目标企业在多个指标上出现明显的改善，例如，出口、进口概率显著增加，生产率和销售收入明显提高，进出口市场的地理距离显著扩大。

表3-2-2　变量名称与外资并购前、后的统计对比

变　量	外资并购前		外资并购后		均值离差
	均　值	标准差	均　值	标准差	
生产率	2.630	0.237	2.941	0.022	0.310***
雇佣规模	5.009	0.022	5.047	0.018	0.038***
资本劳动比	3.397	0.030	3.690	0.024	0.292***
出口销售比	0.128	0.008	0.192	0.007	0.063***
销售收入	10.108	0.025	10.519	0.023	0.410***
是否出口	0.220	0.010	0.307	0.009	0.087***

续　表

变　　量	外资并购前 均　值	外资并购前 标准差	外资并购后 均　值	外资并购后 标准差	均值离差
是否进口	0.005	0.006	0.129	0.007	0.075***
出口额	0.734	0.068	2.052	0.089	1.318***
进口额	0.524	0.057	1.195	0.067	0.670***
出口市场距离	0.609	0.055	1.648	0.069	1.038***
进口市场距离	0.437	0.046	1.063	0.057	0.625***
研发支出	0.830	0.066	0.927	0.044	0.097***
员工培训支出	1.449	0.045	1.810	0.113	0.361***
无形资产	1.992	0.083	2.139	0.070	0.147***
财务流动性	0.056	0.007	0.101	0.007	0.045***

在1757个并购案例中，有655个企业在内资企业中找到配对，其中并购发生前具有贸易行为的企业有490个，而没有贸易行为的企业有165个。因此，可以看出，不论是配对前还是配对后，被并购企业中具有贸易行为的企业占多数。本节为了检验匹配效果，对配对成功的企业进行平衡性检验。表3-2-3报告了匹配中使用到的变量以及企业其他特征变量的平衡性检验。其结果表明，在未经匹配的原始数据中，受外资并购的内资企业具有更高的生产率、资本劳动比、出口比重以及更大的雇佣规模。此外，接受外资并购的企业有更高的销售额、劳动生产率、新产品销售额、研发支出以及员工培训支出等。匹配后，对照组与实验组在多个变量维度上实现平衡，无论是匹配中使用的变量还是未使用的变量，两组均没有显著的差异。

表 3-2-3 平衡性检验

变量	未配对样本 N=1012852（所有内资企业＋目标企业） 目标企业	内资企业	p 值	配对样本 N=1310（实验组＋对照组） 实验组	对照组	p 值
生产率	3.051	2.500	<0.001	2.631	2.602	0.037
生产率增长	0.184	0.120	<0.001	0.200	0.175	0.336
企业年龄	7.207	10.010	<0.001	8.313	8.834	0.432
销售收入	10.684	9.947	<0.001	10.140	10.119	0.622
雇佣规模	5.324	4.822	<0.001	4.972	4.961	0.772
资本劳动比	3.653	3.144	<0.001	3.431	3.443	0.815
出口销售比	0.305	0.103	<0.001	0.128	0.107	0.103
是否出口	0.481	0.196	<0.001	0.205	0.178	0.103
是否进口	0.079	0.009	<0.001	0.045	0.012	0.002
出口额	0.691	0.196	<0.001	0.681	0.425	0.201
进口额	0.481	0.196	<0.001	0.501	0.161	0.001
研发支出	1.261	0.678	<0.001	0.878	1.006	0.240
员工培训支出	1.791	1.383	<0.001	1.180	1.708	0.512
无形资产	3.162	1.533	<0.001	1.937	1.684	0.074
财务流动性	0.093	0.028	<0.001	0.063	0.044	0.154

2. 双重差分(DID)模型

并购发生前，处理组企业和对照组企业在多个变量特征上取得时间趋势的平衡性是利用双重差分模型进行实证分析的前提条件。从平衡性

检验的结果看,经过匹配后的样本满足了这一基本条件。接下来,将构建双重差分模型:

$$y_{it} = a_i + \gamma \times \text{Post}_t + \beta(\text{ACQ}_i \times \text{Post}_t) + \varepsilon_{it}$$

其中,i、t分别表示企业和时间;y_{it}为被解释变量,表示企业是否出口、是否进口、出口市场的数量、进口市场数量;a_i代表企业固定效应,用来控制个体中不随时间变化的因素对模型估计结果的影响;ACQ_i是组别虚拟变量,其值为1时表示该企业在处理组,组中企业均得到外资的并购,其值取0时则表示对照组。在估计模型(1)的系数时,本节将考虑两种情形:一是以$t=0$为分割点,将样本期划分为两期,当$t \geqslant 0$时,Post_t取值为1,否则取值为0,这是基准回归的做法;二是分别估计外资并购在当年、第一年、第二年和第三年对y_{it}的影响,也就是说,考虑$t=T-1$和$t=T+S$(T表示外资并购发生在当年),$S\in\{0,1,2,3\}$,分别估计当$S=0,1,2,3$时外资并购对企业海外市场扩张的影响。

三、实证检验与结果分析

(一) 基准回归结果

本节首先检验外资并购对目标企业贸易倾向的影响,以企业是否出口、是否进口为被解释变量,对模型(1)进行估计,回归结果报告在表3-3-1第(1)、(2)列。结果显示,外资并购明显提高了目标企业的出口倾向和进口倾向,增幅分别为10.9%和6.3%,说明外资并购改变了目标企业的贸易状态,使得一部分服务于国内市场的企业选择拓展海外市场的概率增加。根据企业的进出口市场信息,构造企业i在t年的出口市场数量和进口市场数量,并分别作为被解释变量进行估计,回归结果报告在表3-3-1的第(3)、(4)列。结果显示,外资并购后,实验组企业的出口市场数量和进口市场数量均高于对照组企业。

表3-3-1 基准回归结果

变 量	(1)	(2)	(3)	(4)
	\multicolumn{2}{c}{进、出口倾向}	\multicolumn{2}{c}{海外市场数量}
	是否出口 (出口=1)	是否进口 (进口=1)	出口 市场数量	进口 市场数量
ACQ×Post	0.109*** (0.009)	0.063*** (0.008)	0.326*** (0.055)	0.445*** (0.083)
企业固定效应	控制	控制	控制	控制
时间固定效应	控制	控制	控制	控制
样本量	8060	8060	8060	8060
R^2	0.057	0.027	0.017	0.015

（注：括号内为标准误差,*、**和***分别表示在10%、5%、1%水平上显著。ACQ表示实验组[接受外资并购的内资企业组],Post表示时期,取0表示并购前,取1表示并购当年及并购后期,下同。）

(二) 稳健性检验

1. 替换被解释变量

在基准回归中,被解释变量除了出口倾向和进口倾向外,还包括企业的出口市场数量和进口市场数量。为了检验该结果的稳健性,将使用企业的出口金额和进口金额分别替换出口倾向和进口倾向;使用企业出口市场距离和进口市场距离分别替换出口市场数量和进口市场数量。其

中,计算企业出口市场距离时,使用出口金额比例进行加权,公式如下:

$$\text{WDist}_{it} = \sum_{j} \frac{\exp_{ijt}}{\exp_{it}} \text{CapDist}_j$$

其中 $\exp_{ijt}$ 表示企业 i 在第 t 年对海外市场 j 的出口,$\exp_{it}$ 表示企业 i 在第 t 年的总出口,二者的比值表示企业 i 对海外市场 j 的依赖程度,由此衡量海外市场 j 对于企业 i 的相对重要性;CapDist_j 表示海外市场 j 与中国大陆的距离,这里采用梅耶等人(Mayer et al.,2011)整理的贸易伙伴国首都城市之间的直线距离数据,此数据用于计算企业与海外市场的地理距离,并使用相同的方法构造企业进口市场的距离。

表3-3-2的第(1)列和第(2)列回归结果显示,外资并购对目标企业的出口规模和进口规模的增长均有明显的促进作用。在平均水平上,外资并购后,实验组企业的出口和进口规模相对于对照组企业分别增长180%和109%。表3-3-2的第(3)列和第(4)列显示,目标企业接受外资并购后,可以与地理距离更远的市场进行贸易,即外资并购带来了明显的海外市场扩张效应。在平均水平上,经历外资并购的实验组企业出口市场和进口市场的距离相较于未经历外资并购的对照组企业分别增长了145%和96.6%。

表3-3-2 稳健性检验:替换被解释变量

变量	(1) 出口金额	(2) 进口金额	(3) 出口市场距离	(4) 进口市场距离
ACQ×Post	1.155*** (0.102)	0.541*** (0.080)	0.942*** (0.079)	0.527*** (0.069)
企业固定效应	控制	控制	控制	控制
时间固定效应	控制	控制	控制	控制

续 表

变量	(1) 出口金额	(2) 进口金额	(3) 出口市场距离	(4) 进口市场距离
样本量	8060	8060	8060	8060
R^2	0.054	0.023	0.058	0.027

2. 平行趋势检验

DID估计量的可靠性取决于平行趋势的假设,即在外资并购发生前,实验组和对照组的进出口趋势应该是相同的。为了证实这一点,在研究中将实验组企业在外资并购之前的出口倾向、进口倾向、出口市场数量和进口市场数量分别同对照组企业进行对比,进而考察实验组的企业在外资并购之前是否已经有更高的出口倾向、进口倾向,或者更多的出口市场数量、进口市场数量。图3-3-1给出了样本中两组企业在并购前后被解释变量的差异。外资并购发生前,DID项的回归系数均不显著;在外资并购之后,DID项的回归系数显著为正。因此,与对照组企业相比,实验组企业在外资并购前没有表现出更高的生产率,这满足平行趋势假设。

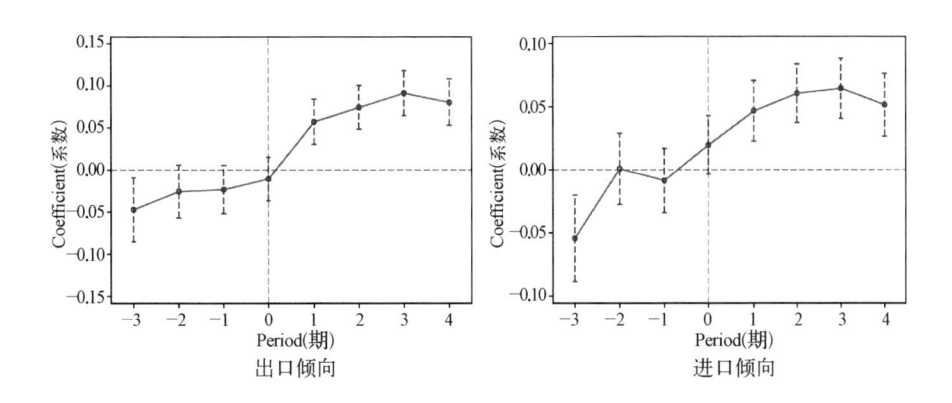

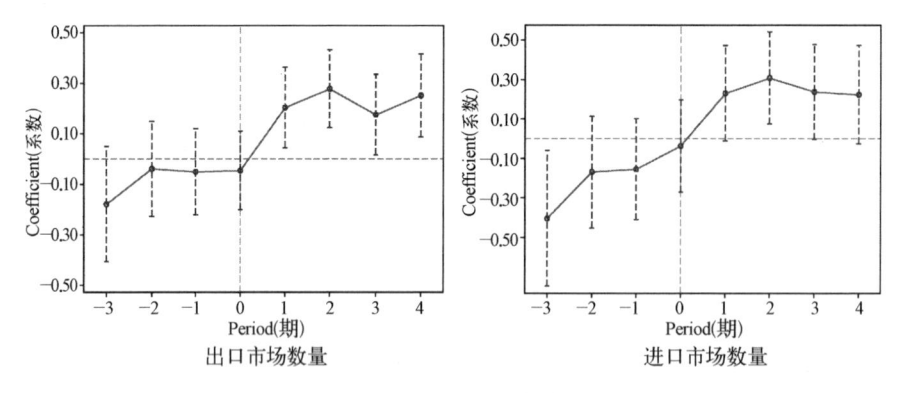

图 3-3-1 平行趋势检验

3. 进一步分析

（1）外资并购对集约边际的影响

关于外资并购对目标企业集约边际的影响,表 3-3-3 的第(1)、(2)列分别以出口与总产出的比值、进口与总产出的比值为被解释变量。结果显示,外资并购对目标企业的出口规模具有显著的促进作用,在平均水平上,外资并购后,实验组企业的出口规模相较于对照组企业增长了 3.9%。然而,对于进口规模,虽然影响为正,但并不显著。

（2）外资并购对扩展边际的影响

关于外资并购对目标企业扩展边际的影响,分别以出口产品种类和进口产品种类作为被解释变量,回归结果报告在表 3-3-3 第(3)、(4)列。外资并购促进了目标企业出口与进口产品种类的多元化。对此,可能的解释是,内资企业在被并购后成为跨国公司在华的分支企业,进而成为跨国公司全球供应链的一部分,为了配合跨国公司母公司的供应链决策,这些目标企业可能需要调整其出口以及进口产品的种类。

表 3-3-3 企业海外扩张的集约边际和扩展边际

变量	(1)	(2)	(3)	(4)
	集约边际		扩展边际	
	出口规模	进口规模	出口产品种类	进口产品种类
ACQ×Post	0.039*** (0.008)	0.102 (0.112)	0.464*** (0.085)	0.150*** (0.031)
企业固定效应	控制	控制	控制	控制
时间固定效应	控制	控制	控制	控制
样本量	8060	8060	8060	8060
R^2	0.012	0.001	0.028	0.012

（3）外资并购的动态影响

为了检验外资并购对目标企业海外市场的扩张是否具有动态影响，本节分别对第−1期（即外资并购之前的一期）和第0期，第−1期和第1期，以及第−1期和第2期的样本分别进行回归。表3-3-4和表3-3-5的结果显示，外资并购对目标企业海外市场的扩张具有动态影响，在外资并购当年，实验组企业的出口倾向比对照组企业高出5.8%，到外资并购的第三年，差距上升到10.8%；同样，在外资并购当年，实验组企业的出口倾向比对照组企业高出2.3%，到外资并购的第三年，这一差距上升到4.9%。外资并购对于出口市场数量和进口市场数量也存在一定的动态效应。

（4）外资并购影响的行业差异

不同行业的目标企业在面临外资并购时，所受到的影响可能存在差异。为了深入探究这一点，根据王振国等人（2021）的研究方法，基于行

表3-3-4 对出口倾向和进口倾向的动态影响

变量	出口倾向				进口倾向			
	(1)	(2)	(3)	(4)	(5)	(6)	(7)	(8)
	当年	第一年	第二年	第三年	当年	第一年	第二年	第三年
ACQ×Post	0.058*** (0.014)	0.081*** (0.016)	0.117*** (0.020)	0.108*** (0.025)	0.023* (0.013)	0.040*** (0.015)	0.056*** (0.018)	0.049** (0.022)
企业固定效应	控制	控制	控制	控制	控制	控制	控制	控制
时间固定效应	控制	控制	控制	控制	控制	控制	控制	控制
样本量	2455	2425	2117	1933	2455	2425	2117	1933
R^2	0.034	0.055	0.102	0.085	0.008	0.017	0.034	0.024

表3-3-5 对出口市场数量和进口市场数量的动态影响

变量	出口市场数量				进口市场数量			
	(1)	(2)	(3)	(4)	(5)	(6)	(7)	(8)
	当年	第一年	第二年	第三年	当年	第一年	第二年	第三年
ACQ×Post	0.469*** (0.079)	0.583*** (0.087)	0.534*** (0.086)	0.648*** (0.116)	0.695*** (0.135)	0.790*** (0.143)	0.701*** (0.170)	0.770*** (0.174)
企业固定效应	控制	控制	控制	控制	控制	控制	控制	控制
时间固定效应	控制	控制	控制	控制	控制	控制	控制	控制
样本量	2455	2425	2117	1933	2455	2425	2117	1933
R^2	0.020	0.029	0.029	0.034	0.014	0.018	0.014	0.017

业要素密集度,将制造业分成劳动密集型、资本密集型和知识密集型三个类别,分别进行实证检验,并仅对出口市场数量和进口市场数量进行考察。表3-3-6的回归结果显示,就出口市场数量而言,外资并购对劳动密集型企业的海外市场扩张影响最为明显,其次是知识密集型行业,虽然对资本密集型企业的海外市场扩张的影响为正,但并不具有统计显著性。对此结果,可能存在的解释是外资通过并购进入国内资本密集型行业,主要目的是服务国内市场,而非出口到第三国。而对进口市场数量而言,外资并购对知识密集型企业的海外市场扩张影响最大,其次是劳动密集型企业,最后是资本密集型企业。

表3-3-6 外资并购影响的行业差异

变量	(1) 劳动密集型 出口市场数量	(2) 劳动密集型 进口市场数量	(3) 资本密集型 出口市场数量	(4) 资本密集型 进口市场数量	(5) 知识密集型 出口市场数量	(6) 知识密集型 进口市场数量
ACQ×Post	0.622*** (0.170)	0.442** (0.190)	0.034 (0.062)	0.353*** (0.105)	0.350*** (0.058)	0.623*** (0.153)
企业固定效应	控制	控制	控制	控制	控制	控制
时间固定效应	控制	控制	控制	控制	控制	控制
样本量	2093	2093	2031	2031	3202	3202
R^2	0.036	0.031	0.010	0.021	0.030	0.019

(三) 机制分析

1. 机制Ⅰ:生产率

外资并购促进目标企业的海外市场扩张,其根本原因是目标企业学习并逐步获取了全球配置资源的能力,成为跨国公司在华乃至全球商业布局的重要组成部分。为验证外资并购影响企业海外市场扩张的生产率机制,本节采用两种方法度量企业生产率,并将其作为被解释变量,一是李文森等人(Levinsohn et al.,2003)提出的测度方法;二是使用劳动生产率(工业增加值与从业人数的比值)衡量企业生产率。表3-3-7的回归结果显示,外资并购提高了企业的生产率,之前章节中所提出的假说3得到验证。

表3-3-7 机制Ⅰ:外资并购与目标企业生产率提升

变 量	(1) 全要素生产率	(2) 劳动生产率
ACQ×Post	0.136*** (0.030)	0.053* (0.031)
企业固定效应	控制	控制
时间固定效应	控制	控制
样本量	8060	8060
R^2	0.180	0.159

2. 机制Ⅱ:总部效应

来自不同国家和地区的外资会对目标企业产生不同的"总部效应"。总部在美国的公司与总部在中国台湾的公司相比,具有不同的供应网络布局,所以对目标企业的海外市场扩张的影响存在差异。为验证这一机制,本节将外资并购方分为来自中国港澳台地区和来自非中国港澳台地区的两类。这样的划分基于一个假设,即来自非中国港澳台地区的并购方通常拥有更广泛的全球供应布局,来自中国港澳台地区的跨国公司则可能更侧重于亚洲地区的供应链布局。

表3-3-8的回归结果显示,外资并购对于企业出口倾向、进口倾向以及出口市场距离、进口市场距离的影响与并购方来源地有关。在被来自非中国港澳台地区的外资并购后,目标企业的进出口倾向增加更多,海外市场扩张范围也更大,之前章节中所提出的假说4得到验证。

表3-3-8 机制Ⅱ:总部效应与海外市场扩张

变量	(1) 中国港澳台地区 出口倾向	(2) 中国港澳台地区 进口倾向	(3) 非中国港澳台地区 出口倾向	(4) 非中国港澳台地区 进口倾向	(5) 中国港澳台地区 出口市场距离	(6) 中国港澳台地区 进口市场距离	(7) 非中国港澳台地区 出口市场距离	(8) 非中国港澳台地区 进口市场距离
ACQ×Post	0.094*** (0.009)	0.053*** (0.008)	0.130*** (0.010)	0.077*** (0.009)	1.311*** (0.088)	0.852*** (0.069)	1.721*** (0.119)	1.190*** (0.100)
企业固定效应	控制	控制	控制	控制	控制	控制	控制	控制
时间固定效应	控制	控制	控制	控制	控制	控制	控制	控制
样本量	6374	6374	5648	5648	6374	6374	5648	5648
R^2	0.043	0.021	0.066	0.032	0.080	0.057	0.103	0.076

四、本章小结

本章从进口和出口的角度深入探究了外资并购对于目标企业海外市场扩张的影响,主要结论是,在外资并购目标企业后贸易行为发生明显变化,出口和进口倾向显著提高,出口市场数量和进口市场数量显著增长、出口市场以及进口市场的地理距离也出现明显扩张。此外，研究发现外资并购对目标企业的海外市场扩张具有动态影响，并且存在一种"总部效应"，具体来说，如果并购方的企业总部距离中国更远，那么目标企业在接受外资并购后，其海外市场的扩张范围会更为广泛。本章提出跨国公司进入中国市场时，不仅引进了资本与技术，还带来了其母公司主导的全球供应网络。当目标企业成功融入这些跨国公司的生产和销售网络后，其在推动中国的进口和出口方面扮演了重要的角色。

这一章具有深远的政策含义。在新发展格局的背景下，应继续实施吸引外资政策，加大利用外资的力度，以此推动企业海外市场的扩张以及更深层次地参与国际循环。随着中国经济的不断发展，我国需要更多优质资源以及更广泛的市场，而引进优质的跨国公司进入中国市场可以促进资源的优化配置。对此，要充分认识到外资的价值不仅在于其知识溢出，更重要的是跨国公司供应链网络的潜在价值。在吸引外资的过程中，应将进入中国市场的分支企业和跨国公司总部及其海外分支视为一个整体，鼓励内资企业与跨国公司进行合作，以促进国内企业融入跨国公司的生产网络。此外，还需要认识到外资对企业进出口的动态效应，并长期充分发挥外资对内资企业海外市场扩张的带动作用，为了实现这一目标，我们需要留住现有的外资，同时吸引更多高质量的外国资本进入中国，推动中国企业充分利用国内、国际两个市场、两种资源。这样有助于建设更高水平的开放型经济新体制，促进经济的持续健康发展。

第四章 外资并购与目标企业经营绩效

- 一、研究背景
- 二、数据、变量与实证策略
- 三、实证检验与结果分析
- 四、本章小结

一、研 究 背 景

跨国并购在全球经济资本流动中扮演重要的角色。20世纪90年代以来，随着发展中国家的外资自由化进程不断加快，以跨国并购形式流入新兴经济体的外国资本越来越多。图4-1-1呈现了1990年以来，跨国公司在华并购金额、并购案例数量及其在全球所占的份额。从跨国并购的金额规模看，各年金额的变化起伏较大，其中2014年在华跨境并购金额高达5亿美元，占全球份额约15%。从并购案例个数来看，在华并购案例从20世纪90年代的230起，上升至2016年的11000多起，中国正逐渐成为吸引跨境并购活动的重要国家。根据UNCTAD的统计数据，2017年全球范围内的并购金额高达6万亿美元，其中很大一部分是跨境的资本流动。

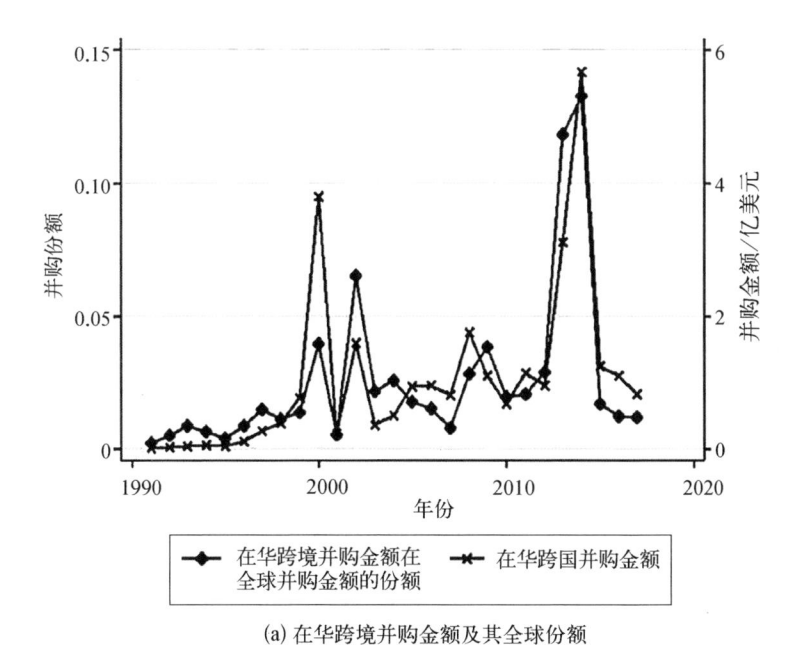

(a) 在华跨境并购金额及其全球份额

(b) 在华跨境并购案例数及其全球份额

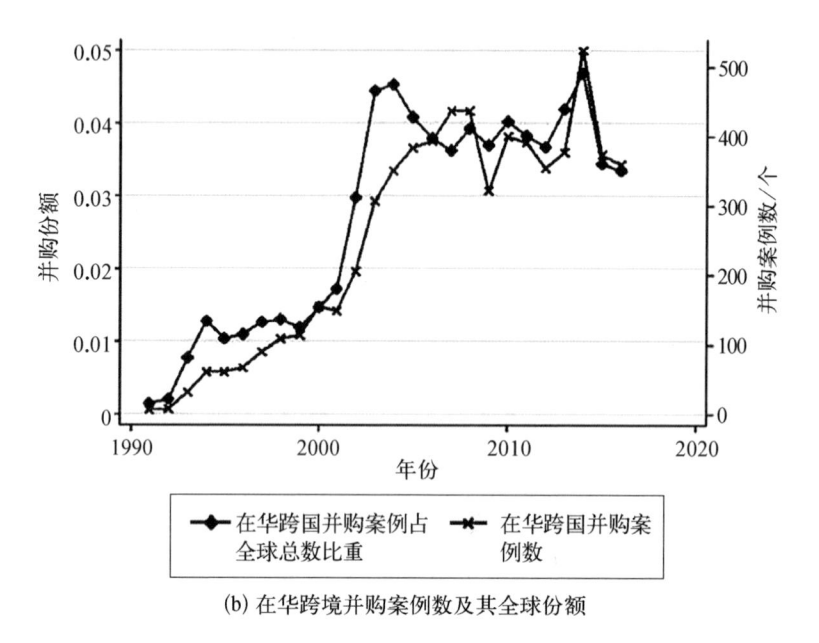

图4-1-1 跨境并购的金额与案例数目（根据Wind数据）

目前，关于跨国并购如何影响企业的生产效率并没有给出明确的结论(Ashenfelter et al., 2014)。相关研究通常只针对特定产品或特定行业的并购，其研究结论缺少一般性。另外，现有文献对于研究跨国并购如何影响产品价格、边际成本、加成以及产品质量方面所提供的证据较少，研究视角缺乏整体性考虑。本章使用中国工业企业数据库构造跨国并购数据库，本章识别了1757起并购案例，这些跨国并购案例分布在中国的各行各业，具有一定的代表性。本章研究的基本发现是，目标企业被跨国并购后，其全要素生产率、销售收入和总产值均出现显著上升。此外，来自OECD国家的并购案例在并购后续年份里，显示出企业绩效的更大提升。

本章的研究发现与跨国公司理论的预测基本相吻合。相关文献强调，只有生产率最高的企业才会从事FDI(Helpman et al., 2004)。因此，跨国公司进入目标企业后，可以将总部的无形资产以较低的成本转移到海外分支企业(Markusen,1997)。从影响机制方面来看,文献主要证明并购使得目标企业的资源利用效率获得提升(Maksimovic et al.,2001;Breinlich,2008;Jovanovic et al,2008;Braguinsky et al.,2015),目标企业获得并购双方专有资产组合的好处(Nocke et al.,2007)。本章将在实证部分对这两个影响机制进行检验。从逻辑关系上看,本章与第三章关系紧密,第三章内容是外资进入后,目标企业的贸易行为和海外市场调整的影响。本章研究的是外资进入目标企业后,企业经营绩效的改变。因此,本章是并购引起企业市场海外扩张之后的影响分析。

二、数据、变量与实证策略

为了研究外资并购如何影响企业的经营绩效,本节所使用的数据与第三章相同。并将继续使用第三章的配对样本估计如下模型:

$$\text{Performance}_{it} = a_i + r \times \text{Post}_t + \beta(\text{ACQ}_i \times \text{Post}_t) + \varepsilon_{it} \quad (1)$$

其中 i 表示企业,t 为时间,Performance 表示企业经营绩效,这里使用全要素生产率、销售额和总产出衡量企业的绩效。a_i 是企业固定效应,其可以控制模型中不随时间变化的企业特征对估计结果的影响,ACQ 是二元变量,值为 1 时表示该企业在实验组,组内企业均可得到母公司的外资并购,0 则为对照组。在估计模型(1)时,将考虑两种情形,一是以 $t=0$ 为分割点,将样本期间划分为两期,当 $t \geqslant 0$ 时,Post 取值为 1,否则取值为 0。二是分别估计跨国并购在当年、第一年……直到第四年对企业海外市场选择的影响,即 $t=T-1$ 和 $t=T+S$(T 为并购发生当年),$S \in \{0,1,2,3\}$,也就是说分别估计当 $S=0 \sim 3$ 时外资并购对企业海外市场选择的影响。比如估计外资并购在第一年如何影响企业市场选择时,使用 $t=-1$

和 $t=1$ 两期数据对模型(1)进行估计,估计外资并购在第二年如何影响企业绩效时,使用 $t=-1$ 和 $t=2$ 两期数据进行估计,以此类推。

三、实证检验与结果分析

(一)外资并购对目标企业经营绩效的影响

图 4-3-1 描述了全要素生产率并购前后的变化趋势。在外资并购前,实验组和对照组之间的绩效之差接近 0,这说明数据经过 CEM 方法预处理后,两组企业的全要素生产率实现了平衡。外资撤离开始的年份,实验组和对照组的全要素生产率之差则大于 0,而从第二年开始,两组企业绩效差异开始逐渐缩小,这初步表明外资并购对企业绩效的提振作用可能不具有很长的持续性。

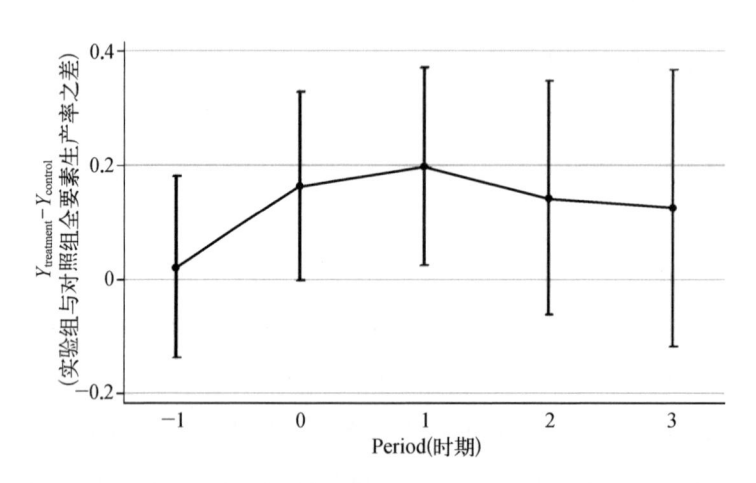

图 4-3-1 企业全要素生产率在并购前后的变化

(注:第 0 期为并购发生年,竖线表示 95% 的置信区间。)

为了度量外资并购对于企业经营绩效的影响，接下来将使用双重差分的方法对匹配样本进行回归分析。依次使用全要素生产率、总产出和销售额作为被解释变量进行回归分析。表4-3-1报告了回归结果，外资并购显著提升了企业的经营绩效，平均而言，实验组企业的全要素生产率、总产出和销售额分别高于对照组企业13.6%、10.6%、11.2%。以上结果均在1%的统计水平上显著，这说明在平均意义上，外资并购确实促进了企业绩效的提升。

表4-3-1 基准回归结果

变 量	(1) 全要素生产率	(2) 总 产 出	(3) 销 售 额
ACQ×Post	0.136*** (0.030)	0.106*** (0.025)	0.112*** (0.026)
企业固定效应	控制	控制	控制
时间固定效应	控制	控制	控制
样本量	8060	8060	8060
R^2	0.180	0.302	0.296

（注：括号内为标准误差[standard error]，*、**和***分别表示在10%、5%和1%水平上显著。）

为了检验外资并购在不同年份对于企业绩效的影响，本节分别估计了外资并购当年、第一年、第二年和第三年对企业绩效的影响。表4-3-2报告了这一结果。在检验外资并购在当年对于企业绩效的影响时，本节采用了双重差分的方法，仅对$t=-1$和$t=0$两期数据进行了回归分析，类似地，在检验外资并购在第T年对企业绩效的影响时，就只对$t=-1$和$t=T$两期数据进行回归分析，其中$T\in[1,3]$。回归结果显示，外资并购对企业绩效的影响仅在并购当年和第一年具有显著意义，而从第二年开始,大部分系数开始失去显著性。这说明了外资并购产生的技术溢出是比较短暂的。阿诺德等人(Arnold et al.,2009)发现外资并购的生产率效应在并购当年、第一年和第二年均表现显著,相比而言,这里由并购带来的生产率效应持续时间较短。

表 4-3-2 外资并购对企业经营绩效的动态影响

被解释变量		(1) 并购当年	(2) 第一年	(3) 第二年	(4) 第三年
全要素生产率	ACQ×Post	0.119** (0.057)	0.140** (0.064)	0.106 (0.073)	0.032 (0.082)
	样本量	2455	2425	2117	1933
	R^2	0.004	0.008	0.012	0.036
被解释变量		(5) 并购当年	(6) 第一年	(7) 第二年	(8) 第三年
总产出	ACQ×Post	0.107* (0.059)	0.092 (0.064)	0.125* (0.073)	0.071 (0.086)
	样本量	2455	2425	2117	1933
	R^2	0.006	0.019	0.024	0.058
被解释变量		(9) 并购当年	(10) 第一年	(11) 第二年	(12) 第三年
销售额	ACQ×Post	0.107*** (0.033)	0.066* (0.040)	0.082 (0.052)	0.027 (0.067)
	样本量	2455	2425	2117	1933
	R^2	0.062	0.159	0.252	0.347

(注:所有回归均控制了企业固定效应和时间固定效应。)

(二) 稳健性检验

在稳健性检验部分,检验当被解释变量替换成其他经营绩效时,结果是否会发生显著的变化。其中表4-3-3中第(1)、(2)列的被解释变量分别为劳均增加值和TFPOP(Olley et al.,1996),其结果显示,外资并购使实验组企业劳均增加值和TFPOP相较于对照组企业分别提高6.1%和8.1%,这说明基准回归结果对企业经营绩效的度量方式保持稳健。

表4-3-3　外资并购对其他绩效指标的影响

变量	(1) 劳均增加值	(2) TFPOP	(3) 人均工资	(4) 雇佣规模	(5) 无形资产	(6) 资本劳动比
ACQ×Post	0.061** (0.027)	0.081*** (0.031)	0.069*** (0.018)	0.097*** (0.019)	0.226** (0.091)	0.152*** (0.035)
样本量	8060	7661	8060	8060	8058	8044
R^2	0.109	0.135	0.310	0.023	0.126	0.071

(注:所有回归均控制了企业固定效应和时间固定效应。)

其次,目标企业在接受外国资本后,企业的人均工资和雇佣规模显著上升,实验组企业的平均工资和雇佣规模分别比对照组企业提高了6.9%和9.7%,这说明外资并购促进了目标企业福利水平的增长和企业规模的扩张。在完全竞争假设下,工资水平反映的是边际产出水平,因此外资并购后企业福利水平的提高是企业生产率提升的重要表现。

最后,外资并购促进企业生产率增长的背后,是企业核心竞争力的提升,外资并购方带来了技术、专利、品牌等无形资产,这些资产构成了企业竞争力的核心。为了证明这一点,模型(1)的被解释变量将换成无形资产规模,第(5)列的回归结果显示,实验组企业无形资产规模平均而言要比对照组企业高22.6%,这说明外资并购发生后,跨国公司确实能给目标企业带来专有资产,并成为企业生产率增长的基础。外国资本对于目标企业的管理方式也产生了深刻的影响,具体表现为,企业将会使用更多的资本替代劳动力。在第(4)列,观测到外资并购后,企业的劳动人数增加。因此,为了验证资本的使用幅度是否超过劳动的使用幅度,将使用资本劳动比作为被解释变量,第(6)列的回归结果显示,当外资并购后,企业的资本劳动比显著上升,资本使用量在外资并购后增长更快。

(三) 外资来源地是否影响并购的生产率效应

来自技术发达程度不同地区和国家的外国资本对于国内企业的技术溢出则不同,拥有先进技术的外国资本对于东道国企业生产率的提升作用更加明显(Javorcik et al., 2011)。本节从外资并购的角度对该命题进行检验。具体做法是利用详细的实收资本信息将外资并购方分成中国港澳台地区和非中国港澳台地区,再使用模型(2)对两个样本分别进行回归。这样划分的理由是,来自中国港澳台地区的企业大多属于劳动密集型行业,与欧美等OECD国家相比,中国港澳台地区外资企业在技术、管理、品牌等方面的优势并不突出(Lin et al., 2009)。因此,可以预测来自非中国港澳台地区的企业对于目标企业经营绩效会有更大的提升。

表4-3-4是将样本按照并购方的来源地区进行划分的回归结果,其中Panel A是对并购方为非中国港澳台的分样本回归,Panel B是并购方为中国港澳台地区的分样本回归。结果显示,并购方为非中国港澳台地区分样本回归系数均大于并购方为中国港澳台地区的回归系数,且具有高度的统计显著性,因此即使是从并购角度看外资来源地对于技术的

溢出影响也符合雅沃尔奇克等人(Javorcik et al., 2011)的判断和发现,这说明引进更高质量的外资对于中国大陆(内地)企业的技术溢出更大。

表 4-3-4 外资来源地与外资并购的生产率效应

变量		(1) 全要素生产率	(2) 总产出	(3) 销售额
Panel A 非中国港澳台地区	ACQ×Post	0.241*** (0.044)	0.208*** (0.044)	0.215*** (0.044)
	样本量	5648	5648	5648
	R^2	0.078	0.093	0.096

变量		(4) 全要素生产率	(5) 总产出	(6) 销售额
Panel B 中国港澳台地区	ACQ×Post	0.029 (0.033)	0.059* (0.035)	0.063* (0.035)
	样本量	6374	6374	6374
	R^2	0.073	0.088	0.090

(注:所有回归都控制了企业和时间固定效应;括号内为标准误差[standard error],*、**和***分别表示在10%、5%和1%水平上显著。在Panel A中,回归样本是实验组中来自非中国港澳台地区的样本+对照组企业;在Panel B中,回归样本是实验组中来自中国港澳台地区的样本+对照组企业。)

(四) 并购后外资是否控股对经营绩效的影响

跨国公司在并购东道国企业时,除了需要选择并购对象外,另外一个重要的决策是"并购多少股权",即外资占比应该达到怎样的水平?一般而言,比较关键的几个门槛值是25%关系着并购后企业的所有权状态、50%决定了并购后外国资本是否具有控股能力,而100%涉及并购后外国资本是否与国内资本分享管理、技术和日常运营。本节将探讨当并购后外资股权占比在50%以上,该目标企业的经营绩效是否要比并购后股权占比在50%的目标企业的经营绩效高。从理论角度来看,当一个企业由境外资本控股,则境外投资者在企业的决策能力更强,并且对自主无形资产的把控能力更强,进而会减少企业内境内投资者的投机行为。在此情况下,相比于内资控股企业,外资控股企业的母公司更倾向于将无形资产转移到该企业。

为检验该假设是否成立,本节将匹配样本分为两个部分:样本A是外资并购后,外资股权占比小于50%,而样本B是外资并购后,外资股权占比超过50%。从企业数目看,样本A和B大致相同,接着分别对样本A和样本B进行双重差分分析,回归结果汇报在表4-3-5中。结果显示外资控股是否超过50%对于目标企业的全要素生产率和销售收入具有不同的影响,跨国并购后外国投资方是否控股或成为外商独资,是影响其转移技术等无形资产的重要决策因素。并购后外资控股的企业,其全要素生产率、销售收入水平更高。

表4-3-5 外资控股情况

变量	(1)	(2)	(4)	(5)
	并购后内资控股		并购后外资控股	
	全要素生产率	销售收入	全要素生产率	销售收入
ACQ×Post	0.040*** (0.012)	0.050*** (0.010)	0.091*** (0.012)	0.118*** (0.010)
样本量	5334	5334	4714	4714
R^2	0.065	0.150	0.069	0.155

(注:所有回归均控制了企业固定效应和时间固定效应。)

四、本章小结

本章从全要素生产率、销售收入和出口份额等多个角度看待外资并购对于目标企业的影响。实证结果稳健地说明,外国资本的参与有利于中国企业生产率的提升,这与经典文献所得出的结论比较一致。按不同年份划分,本章发现外资并购在第二年后,对于企业绩效提升作用并不显著,说明外资并购的生产率效应在本章的研究中不具有持续性。将样本根据并购方的来源国家和地区进行划分,但发现技术水平更高地区的并购对目标企业经营绩效有积极影响,这一结果为理解文献中不一致的研究发现提供了新的证据,并说明外资来源地的技术质量影响目标企业绩效的提升幅度。

本章继第三章之后,从外资并购的角度看外国资本的参与对中国企业的影响。第三章的研究发现外国资本的参与使得国内企业融入了跨国公司的全球供应网络,企业可以更好地利用国内、国际两个市场进行资源配置,而本章所探讨的是更广泛的资源配置的结果,即企业的经营绩效的显著提升。

第五章 ｜ 跨国公司资本追加的生产率效应[①]

- 一、研究背景与文献综述
- 二、研究假设
- 三、数据、变量和实证策略
- 四、实证结果分析
- 五、影响机制检验
- 六、本章小结

[①] 本章部分内容发表于《国际贸易问题》2019 年第 1 期。

一、研究背景与文献综述

外商直接投资在各国经济转型升级过程中扮演着重要的角色。作为最大的发展中国家,中国自20世纪80年代以来,连续30年的高速经济增长离不开外商直接投资的贡献。从全球范围看,新兴经济体已经逐步成为吸引外商直接投资的主要力量。在各级政府竞相引进FDI的过程中,通常会提供土地、财税等优惠政策,其背后的逻辑是外资企业的生产率优势会对东道国经济产生正外部性影响,即外商在转移资本的同时,会给发展中国家带来技术和管理经验。现实中,跨国公司一般通过绿地投资或跨国并购进入东道国,进入东道国市场后,其投资计划与市场行为将备受关注。一般而言,长期、稳定的外国资本更受东道国欢迎,如果跨国公司将赚取的利润保留在东道国进行再投资,或者母公司在后续年份对分支企业进行追加投资,这将会进一步增加东道国的资本存量,逐渐形成资本累积效应。因此,跨国公司的再投资构成了引进外资的重要途径。随着《外商投资准入特别管理措施(负面清单)(2018年版)》的推进,中国正逐步取消外资在银行、证券、汽车制造等行业的市场准入限制。这些举措不仅会吸引更多的跨国公司进入中国,还会对在华外资企业的投资行为产生积极影响。

目前,关于跨国公司资本追加形成的资本累积效应的微观证据尚不明确。特别地,跨国公司追加资本对东道国分支企业产生的效果如何?背后的影响机制是什么?此类相关文献尚缺乏系统的研究。本章将使用制造业企业数据对上述问题进行分析。由于跨国母公司的再投资是一个内生的决策过程,在实证上弄清楚资本追加行为与接受资本企业生产率水平之间的因果关系具有一定的挑战。即使跨国公司对子公司追加资本确实导致了企业生产率的提高,但由于难以断定变量之间的因果关系,使用普通最小二乘法可能会导致估计结果出现误差。

相关文献通常使用匹配结合双重差分方法研究此类问题。该方法的关键是利用匹配的方法对数据进行预处理,目的是在未得到资本追加的外资企业中找到合适的对照组企业。若匹配成功,则对照组企业应具有相似的可能性受到资本追加,但事实上该行为并没有发生。因此,这类企业可以作为观测对象用以了解在未发生资本追加的情况下,受资本追加的子公司的全要素生产率和销售额等绩效水平。通过双重差分法对配对样本进行回归分析,研究结果表明,资本追加行为显著提高了子公司在中国的全要素生产率。在被资本追加的开始年份,实验组企业的 TFP 和销售额分别比对照组企业高出 8.3% 和 11.3%,四年后,两组企业的 TFP 和销售额的差距分别高达 29.2% 和 32.1%。

与现有的研究相比,本章对跨国并购如何影响东道国企业生产率的理论和实际意义进行了独特的探讨。阿诺德(Arnold et al., 2009)和刘(Liu et al., 2017)等人分别使用印度尼西亚和中国的企业样本对此进行研究,并得到较为一致的结论,当跨国公司收购当地企业的部分或全部股权时,被收购企业的全要素生产率、销售额等绩效指标均显著提高。而本章研究在华运营的跨国公司的分支企业在接受母公司的资本追加后的全要素生产率变化,即本章将在更长的时间维度看待跨国公司在东道国的投资行为及其影响。依据商务部的调查数据,中国每年实际使用的外资金额中有 1/3 来自外商企业的资本再投资。从制造业 FDI 流量的角度来看,在样本期间,外资企业追加资本的总体规模每年都比新成立外资企业的投资规模要大。具体来说,外资企业追加投资的规模是新进入外资企业投资的 2—3 倍(表 5-1-1),这说明在华外资企业的资本再投资是 FDI 的重要组成部分。

本章的研究说明鼓励跨国公司进行追加投资对东道国经济发展具有重要意义。现实中,跨国公司面对陌生的海外环境,可能更倾向于进行试探性的投资,等对东道国制度、法律环境更加了解后,再完成后续的追加投资;而一些行业的外资进入壁垒可能成为跨国公司扩大投资的障碍,不利于追加投资的落地。因此,本章的发现也进一步肯定了不断完善营商环境和不断推行外资自由化改革的必要性。

表 5-1-1　外商直接投资增长的分解

(单位:百万美元)

年　份	1999 年	2000 年	2001 年	2002 年	2003 年	2004 年	2005 年	2006 年	2007 年
FDI 流量	92.58	66.86	86.90	98.58	140.08	362.99	172.20	272.90	370.16
企业追加投资	61.03	45.37	66.26	68.46	108.95	283.46	101.11	196.80	266.62
新企业投资	31.55	21.49	20.64	30.12	31.13	79.53	71.09	76.10	103.54

(注:根据样本计算得出。[①])

从微观层面看,相关文献就跨国公司资本进入与目标企业生产率是否存在因果关系进行了广泛的研究。阿诺德(Arnold et al., 2009)、刘(Liu et al., 2017)、科尼恩(Conyon et al., 2002)、吉尔玛(Girma et al., 2007)等人发现当跨国公司收购当地企业的部分或全部股权时,被收购企业的全要素生产率、销售额等绩效指标均显著提高,例如在阿诺德等人(Arnold et al., 2009)的研究中,印度尼西亚企业受外资并购后,生产率在三年后比对照组企业高出 13.5%。

在影响机制方面,相关文献中的研究可以分为以下几类:第一,接受外国资本后的东道国企业可以享受跨国公司的供应链网络,进而促进东道国企业融入国外市场。例如,阿诺德等人(Arnold et al., 2009)发现跨国并购后,企业的出口和进口额均显著提高,企业不仅拥有更大的销售市场,并且生产投入的中间品选择范围也相应扩大。第二,跨国公司获得部分或

---

① 本章通过企业年龄来判断外资企业是否为新成立的。

全部股权后,母公司会向分支企业派送管理团队,以确保采用更高效的管理方式。周(Cho,2018)认为企业的管理团队是最重要的无形资产,该研究发现大多数韩国公司在海外的分支机构都有母公司派出的管理团队,而且该团队的存在与否、团队规模大小与分支企业生产率具有因果关系。第三,外国资本的参与会提升资源配置效率,这既可能源于专有资产的互补性(Norbäck et al.,2007),也可能源于规模经济的效率提升(Bertrand et al.,2012)。第四,从融资约束的角度看,有研究发现外商直接投资缓解了发展中国家企业融资难的问题(Héricourt et al.,2009;冼国明 等,2010;孙灵燕 等,2012);林等人(Lin et al.,2017)发现跨国公司会通过应收和应付账款的方式向东道国企业提供融资。

本章从跨国公司资本追加的角度出发,在研究内容和影响机制上区别于以上文献。首先,上述文献中的企业在接受资本后,其所有权属性可能已经发生了改变(如果外国股权比例超过25%,按照中国的外资规定,被并购企业已属外资企业类别)。而本章的企业在接受资本后,所有权属性未发生变化(仍保留外资企业身份);另外,本章对资本追加影响企业生产率的机制研究既区别于现有文献,也是对现有文献的补充。

二、研究假设

在接下来的章节中,我们将深入探讨变量之间的关系和可能的影响机制进行探讨,结合已有文献,将提出一系列研究假设,并使用实际数据对这些假设进行检验。通过这样的分析,得出跨国母公司与海外分支企业之间的商业联系是维持外资企业生产率优势的关键(Arkolakis et al.,2018),该商业联系使得母公司以较低的成本向海外分支企业转移无形资产,并通过提高研发、培训等生产性支出,以及改进资源配置效率等方式对分支企业进行管理。跨国公司追加的资本可能会影响分支企业无形资产的规模、研发和培训等生产性支出以及资源配置方式,这些变量是决定企业生产率和绩效水平的关键。基于以上分析,本节提出第一个假设:

假设1:跨国公司的资本追加会提高其在华分支企业的生产率。

实证和案例研究表明,跨国公司在海外投资面临诸多风险。政治事件、经济危机以及东道国民众的社会舆论等都会影响企业所处的商业环境,尤其是在新兴经济体和发展中国家(Henisz et al., 2010),这些因素都会影响跨国公司的投资行为。企业在首次进入东道国时可能会比较谨慎,而在首批投资比较顺利的情况下,更为重要的无形资产很有可能在后续年份向子公司转移。如果资本追加引起子公司无形资产规模的上升,这便会形成外资企业生产率优势的直接来源。因此,本节提出第二个假设:

假设2:资本追加会提高外资企业的无形资产规模。

当先进技术、专利等无形资产转移到东道国后,到投入生产前可能需要一段消化和吸收的过程,或者跨国公司在技术投入生产过程中很可能需要对母国的技术和工艺进行再改造,以适应海外市场的偏好等(Hall et al., 1995);并且,当资本追加的形式是以先进技术、设备等形式进入中国,子公司的研发和员工培训支出可能会提高,以加强企业对新技术的吸收能力。而对企业而言,这两项支出在相关研究中被认为是获得更高生产率的重要渠道(Dearden et al., 2006;Liu et al., 2016)。因此,本节将提出第三个假设:

假设3:资本追加会提高企业的研发和员工培训支出。

企业在生产过程中会根据资本和劳动的相对价格对生产要素的使用进行调整,以获得更高的资源配置效率。资本追加会改变要素之间的相对价格,进而可能会改变资本和劳动两种生产要素的相对使用量。而企业资源重组也是企业生产率上升的重要来源(Javorcik et al., 2017)。由于外资企业更加接近国际金融市场,在整合要素资源配置方面具有相对

较好的灵活性。据此逻辑,本节提出第四个假设:

假设 4:资本追加会改变资本和劳动之间的使用比例,表现为企业资本密集度增加。

资本追加在很大程度上是以资本净流入的形式存在。赫里科特(Héricourt et al.,2009)、冼国明(2010)、孙灵燕(2012)等人研究发现外商直接投资缓解了中国企业的融资约束程度,是外国资本正面影响中国经济的重要方式。虽然这些研究从行业层面计算了外资企业的比重,并探讨了外资占比与内资企业融资约束之间的关系,但并没有深入企业层面,明确阐述外资企业的参与是否真正缓解了企业的融资约束。因此,本节的第五个假设是:

假设 5:资本追加缓解了企业的融资约束程度。

本章将使用数据对以上研究假设进行实证检验。

三、数据、变量和实证策略

(一) 数据与变量描述

本节所使用的数据来自国家统计局 1998—2007 年中国工业企业数据库中的外资企业的子样本(外资持股比例大于 25% 以上的企业)。[①] 本

[①] 根据我国《中外合资经营企业法》,外资持股比达到 25% 及以上的企业才可被认定为外资企业。由于中国工业企业数据从 2008 年开始不再报告企业中间品投入、无形资产规模、研发和培训支出,并且 2009 年的数据没有报告外商实收资本金和中国港澳台地区实收资本金,本节仅使用 1998—2007 年的数据进行研究。本节使用的 1998—2013 年(不含 2009 年)数据,以人均产出、人均销售额作为绩效和生产率的替代变量,对主要结果进行稳健性检验,发现该回归结果与本节的主要回归结果基本一致。

节根据相关文献中处理数据的常用标准做法对这些数据做了以下处理：第一是剔除了关键变量（固定资产、总资产、职工人数、企业年产值以及年度销售额）缺失的观测值；第二是删除了不符合会计记账原则的观测值，如总资产小于流动资产或固定资产的样本、实收资本小于 0 的样本以及当年折旧大于累计折旧的样本；第三是剔除企业雇佣的工人数量低于 8 人的企业；第四是使用勃兰特等人（Brandt et al.，2012）构造的 2 位数行业平减指数对名义变量进行平减，以剔除物价因素的影响。

由于本节的研究焦点集中在外资企业上，因此在样本选择方面，本节仅关注实收资本中外国资本规模增加及规模保持不变的两类企业。因此，本节将删除样本期间外资撤出，或者被当地企业收购的外资企业。经整理后，样本中含有 113690 家外资企业。本节基于企业详细的实收资本信息判断企业是否在后续年份接受了追加资本。具体而言，本节将实收资本中外国资本开始增加的年份定义为母公司资本追加的初始年份，如果外国实收资本规模从初始年份后的第一年起不减少，则该企业就是受跨国母公司资本追加的企业。[①] 根据这一定义，表 5-3-1 统计了样本期间每一年外资的实收资本的变化情况。结果显示每一年约有 1/5 的外资企业获得追加投资。

本节主要采用两种方法来衡量企业生产率，第一种是采用了李文森等人（Levinsohn et al.，2003）提出的半参数法；第二种是采用人均工业增加值衡量 TFP 作为结果的稳健性检验。表 5-3-2 对本节所使用的变量和资本追加前后连续变量的均值进行了对比描述，可以看出由跨国母公司追加资本后企业的生产率、销售额等企业绩效明显提高，企业规模扩大。

[①] 事实上，资本追加的企业可以分为两类：一是首次资本追加后，后续年份的外国实收资本规模不变；二是初始年份追加后，外国实收资本规模在后续年份持续增加。从追加资本的来源看，可能是由子公司在东道国的利润再投资所致，也有可能是来自母公司的资本转移。

表 5-3-1 在华外资企业实收资本情况

年 份	1998年	1999年	2000年	2001年	2002年	2003年	2004年	2005年	2006年	2007年
追加投资		4568	5074	5863	6480	7153	9246	13148	12462	13546
企业总数	23396	25901	27293	30146	32943	36804	53544	53393	57021	60910
所占比重		0.18	0.19	0.19	0.20	0.19	0.17	0.25	0.22	0.22

（注：根据样本计算得出。）

表 5-3-2 变量名称与追加投资前后的统计对照

变 量	资本追加前 均值	资本追加前 标准差	资本追加后 均值	资本追加后 标准差	均值离差
全要素生产率	2.668	0.005	3.101	0.004	0.433***
劳动生产率	0.656	0.010	0.894	0.007	0.238***
员工数目	5.095	0.004	5.448	0.003	0.353***
平均工资	2.621	0.003	2.866	0.002	0.245***
销售额	10.347	0.005	10.912	0.004	0.564***
出口/销售额	0.470	0.002	0.508	0.001	0.037***
资本密集度	4.013	0.006	4.367	0.004	0.053***
研发费用	0.656	0.010	0.894	0.007	0.238***
员工培训	1.042	0.011	1.328	0.007	0.286***
无形资产规模	2.738	0.011	2.952	0.015	0.213***
新产品	0.768	0.119	0.904	0.009	0.137***
财务流动性	0.094	0.002	0.146	0.001	0.052***

(二) 实证策略：CEM 配对样本和双重差分模型

1. CEM 匹配过程与平衡性检验

匹配方法在评估政策或者项目培训的效果方面得到了广泛应用，其本质是回归前的数据预处理，及帮助研究者模拟自然实验开始前的实验设计阶段。其关键在于构建可靠的对照组，帮助研究者观测到"当实验组未接受培训"时的虚拟值。

由于配对过程无法保证每一个资本追加企业都找到与其相对应的"双胞胎"企业，没有匹配成功的企业最终不会被纳入样本研究，而所有匹配成功的资本追加企业将构成本节的实验组企业。本节利用匹配的方法对数据进行预处理的目的是减小实验组和对照组企业特征的不平衡性，使得利用双重差分模型得到的估计值更加可靠。本节采用 CEM（coarsened exact matching）匹配方法，该方法被运用于使用调查数据进行因果推断分析的研究（Iacus et al., 2009）。本节在数据匹配中遵循以下两点：(1) 本节的匹配过程被限定在行业-年份的单元内，这要求对于每一个单元格，至少有两个企业来自不同的组别，即至少有一个企业属于受资本追加类，一个企业属于资本规模不变类；(2) 使用资本追加发生前的企业特征进行匹配，使得两组企业在生产率、生产率增长、雇佣规模、企业年龄、出口销售比、资本密集度六个特征维度上相似。[①] 最终大约有3200个企业获得成功配对。

本节为了检验匹配效果，对配对成功的企业进行平衡性检验。表5-3-3和表5-3-4分别报告对 CEM 匹配中使用的变量和未使用的变量

[①] 用于匹配的变量选择主要参考阿诺德（Arnnold et al., 2009）和刘（Liu et al., 2017）等人的研究，这些变量对资本追加行为具有高度的预测力。

进行了平衡性检验。研究结果表明，在未配对样本中，受到资本追加的外资企业具有更高的生产率、雇佣规模、资本密集度以及较大出口销售比重。并且这些接受资本追加的企业还具备更高的销售额、劳动生产率、新产品销售额、研发支出和员工培训支出等。而经过匹配后，对照组与实验组在多个变量维度上达到了平衡，无论是用于匹配的变量还是未使用的变量，两组均没有显著的差异。

表 5-3-3 用于匹配的变量

变量	未配对样本 N=144879			配对样本 N=5066		
	资本追加	资本不变	p-value	实验组	对照组	p-value
生产率	2.724	2.553	<0.001	2.438	2.456	0.498
生产率增长	0.167	0.102	<0.001	0.142	0.112	0.289
企业年龄	1.501	1.697	<0.001	1.527	1.540	0.442
雇佣规模	5.115	4.942	<0.001	5.015	5.01	0.727
资本密集度	4.109	3.982	<0.001	3.867	3.901	0.080
出口额/销售额	0.475	0.436	<0.001	0.472	0.461	0.381

表 5-3-4 未用于匹配的变量

变量	未配对样本 N=144879			配对样本 N=5066		
	资本追加	资本不变	p-value	实验组	对照组	p-value
销售额	10.405	10.171	<0.001	10.097	10.086	0.679
劳动生产率	0.734	0.668	<0.001	0.877	0.856	0.457

续 表

变 量	未配对样本 N=144879			配对样本 N=5066		
	资本追加	资本不变	p-value	实验组	对照组	p-value
新产品销售额	0.785	0.705	<0.001	0.537	0.426	0.063
新产品/总销售额	0.041	0.036	<0.001	0.025	0.025	0.868
是否出口	0.674	0.609	<0.001	0.595	0.573	0.083
研发支出	0.718	0.571	<0.001	0.501	0.439	0.257
员工培训支出	1.055	1.121	0.003	1.008	1.015	0.928
无形资产	2.562	3.140	<0.001	2.571	2.573	0.987
财务流动性	0.125	0.104	<0.001	0.116	0.115	0.905

2. 双重差分模型

匹配的过程是数据预处理的过程,接下来仍需对配对成功的企业进行计量分析,设定的双重差分模型如下:

$$y_{it} = a_i + \gamma \times \text{Post}_t + \beta(\text{Reinvested}_i \times \text{Post}_t) + \varepsilon_{it} \quad (1)$$

其中 i 表示企业,t 为时间,y 为企业生产率,a_i 是企业固定效应,可以控制模型中不随时间变化的企业特征对估计结果的影响,Reinvested 是二元变量,此值为 1 时表示该企业在实验组,组内企业均得到母公司的资本追加,值为 0 时则为对照组。在估计模型(1)时,本节考虑到两种情形,第一是以 $t=0$ 为分割点,将样本期间划分为两期,当 $t \geqslant 0$ 时,Post 取值为 1,否则取值为 0。第二是分别估计资本追加在当年、第一年……直到第四年对企业生产率的影响,即 $t=T-1$ 和 $t=T+S$,$S \in \{0, 1, 2, 3, 4\}$,分别估计当 $S=0—4$ 时资本追加的生产率效应。

四、实证结果分析

(一)回归结果

根据平衡性检验的结果,经匹配处理后,实验组和对照组样本企业在多个变量维度上实现了较好的平衡,也就是说,两组企业在 $t<0$ 时,企业的多个特征维度相似程度较高。图5-4-1、图5-4-2和图5-4-3对全要素生产率、劳动生产率和销售额的动态变化进行了描述。横轴是时期,其中 $t=0$ 期是数据中观察到的子公司接受资本追加的开始年份,其他时期是资本追加发生的相对年份,一共包括7个时期。图中虚线表示实验组变量走势。从图5-4-1中可以看出,实验组和对照组企业的生产率在 $t=0$ 之前没有显著差异,而生产率在 $t=0$ 之后出现分化,并且生产率差异在后续年份呈现出不断扩大的趋势。

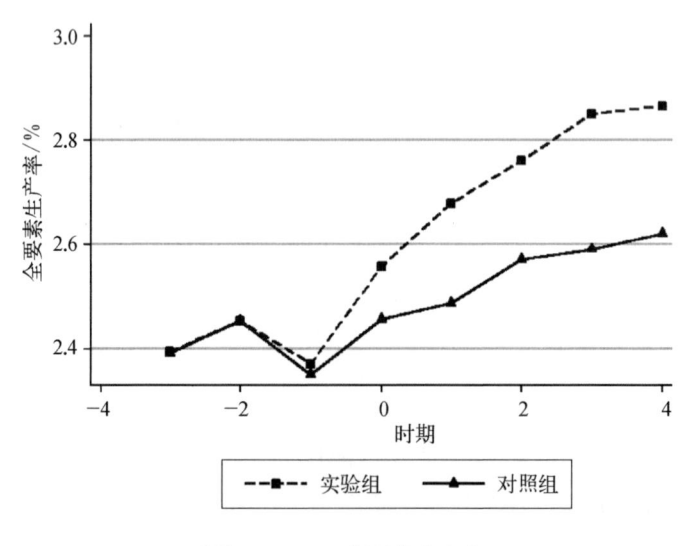

图5-4-1 全要素生产率

图 5-4-2 劳动生产率

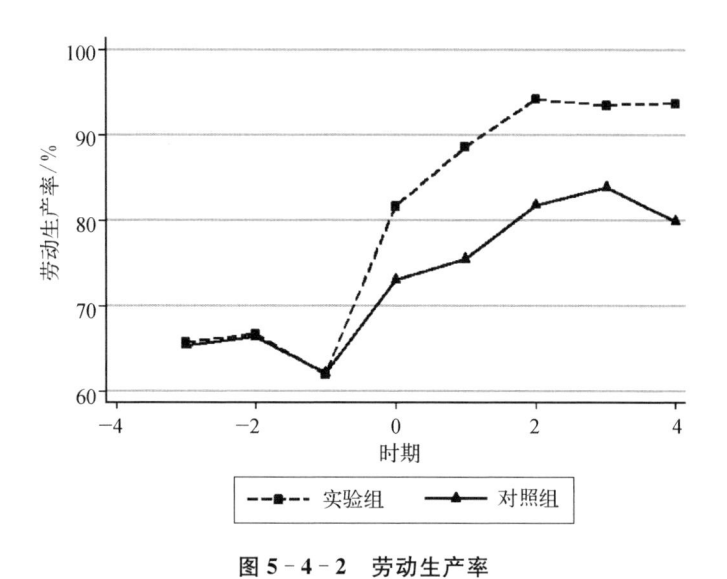

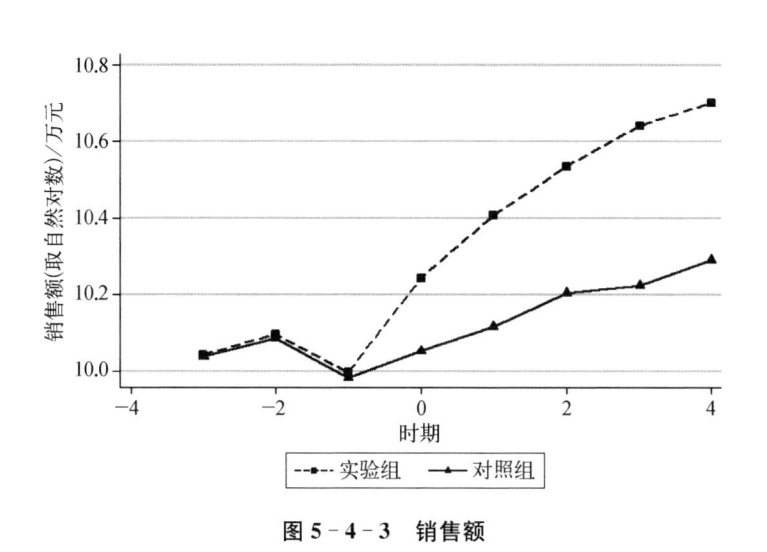

图 5-4-3 销售额

图 5-4-3 中，本节使用同样的方法对企业销售额的动态变化进行描述。可以看出，销售额作为企业绩效变量时，与图 5-4-1 的结果大致相同。这说明，资本追加会影响企业绩效，并且资本追加对子公司的生产率具有正面影响。为了得到更加严谨的结果，本节将依次估计资本追加对企业全要素生产率、劳动生产率和销售额的影响。

表 5-4-1 报告了模型(1)只考虑两期时的回归结果。第(1)—(3)列分别估计资本追加对全要素生产率、劳动生产率和销售额的影响，Post×Reinvested 的系数是本节关注的重点。其结果显示交互项的系数表现出了显著的正向影响，并且在 1% 的统计水平上具有高度显著性。实验组企业的全要素生产率、劳动生产率和销售额分别比对照组企业高 18.3%、8.6% 和 22.2%，这说明资本追加后，实验组企业的生产率获得显著提升，本章假设 1 得到验证。

表 5-4-1 匹配与双重差分估计：配对样本

	(1)	(2)	(3)
	全要素生产率	劳动生产率	销售额
Post	−0.052*** (0.016)	−0.010 (0.016)	−0.029** (0.013)
Post×Reinvested	0.183*** (0.016)	0.086*** (0.017)	0.222*** (0.013)
观测值	30470	30470	30470
R^2	0.093	0.047	0.173

若将样本区间简单地划分为资本追加前和资本追加后两个阶段，可能会忽略资本追加对生产率影响的动态变化，因此区分资本追加在

不同年份对企业生产率的具体影响是至关重要的。表5-4-2的Panel A、B、C分别报告了资本追加对企业全要素生产率、劳动生产率和销售额在不同时期的影响,其结果显示资本追加在总体上提升了企业生产率,并且交互项系数的大小随着年份的增加呈上升趋势。在资本追加的当年,劳动生产率没有表现出显著的统计意义。然而,在后续年份中,两组企业的劳动生产率之差呈现上升趋势。从系数大小看,资本追加当年,实验组企业的全要素生产率高出对照组企业8.3%,而到第四年,该值上升至29.2%;类似地,实验组企业和对照组企业的销售额(取自然对数)之差从接受资本当年的11.3%上升至第四年的32.1%,以上结果均在1%的统计意义上显著。本节的结果稳健地表明,资本追加不仅在当年显著提高了企业的生产率,也在后续年份对企业的生产率具有持续性的提升作用。

表5-4-2 匹配与双重差分估计:配对样本

变量		追加当年	第一年	第二年	第三年	第四年
Panel A 全要素生产率	Post× Reinvested	0.083*** (0.020)	0.182*** (0.027)	0.205*** (0.033)	0.250*** (0.042)	0.292*** (0.054)
	观测值	12682	11184	10199	8683	8049
	R^2	0.045	0.097	0.137	0.152	0.168
变量		追加当年	第一年	第二年	第三年	第四年
Panel B 劳动生产率	Post× Reinvested	0.032 (0.020)	0.088*** (0.026)	0.064** (0.032)	0.074* (0.041)	0.143*** (0.052)
	观测值	12682	11184	10199	8683	8049
	R^2	0.020	0.045	0.066	0.064	0.065

续　表

变　量		追加当年	第一年	第二年	第三年	第四年
Panel C 销售额	Post× Reinvested	0.113*** (0.015)	0.201*** (0.022)	0.256*** (0.029)	0.312*** (0.038)	0.321*** (0.048)
	观测值	12682	11184	10199	8683	8049
	R^2	0.111	0.191	0.217	0.227	0.262

（注：表5-4-1中所有回归都控制了企业和时间固定效应；表5-4-2中所有回归均控制了企业固定效应。括号内为标准误差[standard error]，*、**和***分布表示在10％、5％和1％水平上显著。）

（二）稳健性检验

1. 资本追加生产率效应的动态变化

为了检验回归结果的稳健性，本节从另外一个角度研究资本追加在不同年份的影响，即使用 Reinvested 与每一期哑变量（dummy variable）形成交互项，以检验资本追加从期初（资本追加的倒数第四期）到期末（资本追加的第四期）每一期的动态影响。该方法的优点在于，既可以看到两组企业在资本追加发生前的生产率差异性，也可以看到不同年份资本追加的生产率效应的动态变化。本节预期的结果是资本追加前的交互项系数没有统计意义上的显著性，而资本追加后的交互项系数均显著，且系数的大小随时期的推进不断递增。之所以有这样的预期，是因为经配对的样本企业在两组间已经没有生产率和销售额的显著差异，因此 $t=0$ 之前的交互项系数不会有统计意义上的显著性，而资本追加在 $t=0$ 之后开始对生产率具有提升作用，此时交互项系数开始出现统计意义的显著性。

表5-4-3的第（1）—（3）列分别报告了当被解释变量为全要素生产率、劳动生产率和销售额的回归结果。从表中结果可以看出，资本追加从第一期开始对生产率和销售额具有显著的提升作用，并且系数大小整体

呈上升趋势。就全要素生产率而言,在资本追加的开始时期,实验组企业生产率比对照组企业高 18.3%,而在第四期,该差额上升至 43.4%。对于资本追加当期和前期的交互项,系数并不显著,这说明在资本追加发生前,实验组和对照组的生产率、销售额并没有统计意义上的显著差异。这也进一步说明对照组的构造是有效的。

表 5-4-3 资本追加生产率效应的动态变化

变量	(1) 全要素生产率	(2) 劳动生产率	(3) 销售额
Period (-4)×Reinvested	-0.026 (0.078)	0.004 (0.082)	0.019 (0.071)
Period (-3)×Reinvested	0.055 (0.087)	0.029 (0.085)	0.042 (0.079)
Period (-2)×Reinvested	0.085 (0.085)	0.055 (0.084)	0.066 (0.080)
Period (-1)×Reinvested	0.104 (0.085)	0.080 (0.083)	0.096 (0.082)
Period (0)×Reinvested	0.183** (0.086)	0.110(0.084)	0.206** (0.082)
Period (1)×Reinvested	0.289*** (0.088)	0.169** (0.085)	0.303*** (0.084)
Period (2)×Reinvested	0.324*** (0.089)	0.158* (0.086)	0.364*** (0.085)
Period (3)×Reinvested	0.362*** (0.091)	0.150* (0.088)	0.428*** (0.087)
Period (4)×Reinvested	0.434*** (0.094)	0.238*** (0.091)	0.473*** (0.089)
观测值	30470	30470	30470
R^2	0.086	0.038	0.156

(注:所有回归都控制了企业和时间固定效应;括号内为标准误差[standard error],*、** 和 *** 分布表示在 10%、5% 和 1% 水平上显著。)

2. 资本追加对其他企业绩效的影响

在基准回归中,本节发现受资本追加的企业在资本追加发生当年及后续年份具有更高的生产率。作为基准回归的稳健性检验,本节对其他指标进行检验。特别地,将模型(1)中的被解释变量换成企业出口额[①]、新产品销售额、新产品占总销售额的比重以及员工的平均工资,回归结果显示实验组企业在资本追加后具有更好的表现。从表5-4-4中变量的系数大小看,资本追加后实验组企业的出口额、新产品销售额、新产品占总销售额的比重和平均工资水平分别上升26.3%、10.4%、1.1%和3.2%,且所有系数至少在5%的统计意义上显著。

表5-4-4 资本追加对其他绩效的影响

变　　量	(1) 出口额	(2) 新产品销售额	(3) 新产品/总销售额	(4) 员工的平均工资
Post×Reinvested	0.263*** (0.066)	0.104** (0.050)	0.011*** (0.004)	0.032*** (0.010)
观测值	30470	26336	26334	30470
R^2	0.010	0.005	0.001	0.107

(注:所有回归都控制了企业和时间固定效应;括号内为标准误差[standard error],*、** 和 *** 分布表示在10%、5%和1%水平上显著。)

五、影响机制检验

本节接下来探讨的是外资企业生产率优势提高的来源。具体而言,

[①] 当被解释变量是(出口额/总销售额)时,Post×Reinvested 的系数不显著,说明出口额的上升仅仅是绝对量的上升,而没有相对量的提高。

本节将探究资本追加如何提高企业生产率,并对其影响机制进行深入分析。基于文献研究,本节从企业研发、员工培训、无形资产转移、财务状况和生产要素调整等多个角度探讨资本追加影响企业生产率的机制,即需要对第三节的假设2至假设5进行检验。假设2描述的是资本追加会提高企业的无形资产规模,进而直接影响到企业生产效率[①]。使用模型(1),将被解释变量换成无形资产规模进行回归,结果报告在表5-5-1的第(1)列,结果显示资本追加发生后,实验组企业无形资产规模高于对照组企业25.8%,并且在1%的统计意义上显著,假设2得到验证。资本追加提高无形资产规模的原因可能是追加的资本直接以无形资产形式投资于分支企业,这直接提高了企业无形资产规模;另一种可能是追加的资本会用于购置新的无形资产,进而扩大无形资产规模。无形资产规模的增加将成为巩固在华企业生产率优势的重要来源。

假设3认为企业接受追加资本会提高企业的研发和员工培训支出,进而会提高企业的生产率。弗斯(Fors,1998)发现,跨国公司在发展中国家比其当地企业的研发强度高,而其中一部分的研发支出是用来根据东道国的市场习惯、消费者偏好对其自身的技术或生产工艺做出改进。另一方面,跨国公司在竞争激烈的市场环境下,通过自主研发来提高企业产品质量,从而增加自身的竞争能力。同样,当企业设备和工艺复杂度提升时,员工培训支出也相应增加。这是因为企业需要投入更多的资源来提高工人技能的熟练程度,而这种培训支出的增加有助于企业提高生产效率和产品质量(Hall et al., 1995)。实证结果也证实了此假设,表5-5-1的第(2)、(3)列的结果显示,资本追加后,实验组企业的研发和培训支出分别比对照组企业高出10.8%和18.3%,且结果在1%的统计意义

[①] 商标、工艺技术、专利等无形资产被认为可以提高企业的竞争力,比如汤湘希(2004)认为无形资产不具有实物形态,却能为企业带来长期收益和特殊经济资源。

上显著。本节认为资本追加引发的员工培训和研发的支出是企业生产率提升的一个重要途径。

本章提出的第4个假设是资本追加会影响资本和劳动两种生产要素的相对价格,企业在此情况下会调整资本和劳动的最优使用量,进而提高资源配置的效率。表5-5-1的第(4)列报告了被解释变量为资本密集度的双重差分结果,可以看出,实验组企业的资本密集度比对照组企业高出33.5%,且在1%的统计意义上显著。该结果说明资本追加发生后,实验组企业在生产要素的使用上具有较大的调整,资本的相对使用量得到显著提升,这也是外资企业生产率提升的重要渠道。

第5个假设是从财务的角度考虑,即资本追加可以改善企业的财务流动性。根据相关文献研究,外资对中国经济的一个重要贡献在于缓解企业融资困难,例如林等人(Lin et al., 2017)发现外资企业会通过应收和应付账款等渠道向中国内资企业提供融资,进而提高了企业经营效率。本章节基于这些研究,认为资本追加提高外资企业生产率的另一个重要方式是增强了企业的财务流动性。为了验证这一假设,本节根据马诺瓦(Manova et al., 2016),使用流动资产减去流动负债的差在总资产中的比重来衡量企业的财务状况(该比例越大,说明财务状况越好)。表5-5-1的第(5)列的结果显示,在资本追加后,实验组企业的财务流动性明显优于对照组,这也是构成外资企业进一步提高生产率的一个渠道。

表5-5-1 资本追加的生产率效应:机制分析

变量	(1) 无形资产规模	(2) 研发支出	(3) 员工培训支出	(4) 资本密集度	(5) 财务流动性
Post×Reinvested	0.258*** (0.057)	0.108*** (0.035)	0.183*** (0.049)	0.335*** (0.013)	0.037*** (0.005)

续 表

变量	(1) 无形资产规模	(2) 研发支出	(3) 员工培训支出	(4) 资本密集度	(5) 财务流动性
观测值	30470	24202	15627	30385	30462
R^2	0.269	0.005	0.007	0.048	0.015

（注：所有回归都控制了企业和时间固定效应；括号内为标准误差[standard error]，*、** 和 *** 分布表示在10％、5％和1％水平上显著。）

六、本章小结

本章使用中国制造业企业数据，对跨国公司资本追加的生产率效应进行了研究。为了克服资本追加的内生性问题，本章使用匹配和双重差分的方法进行估计，其结果显示，跨国公司资本追加提高了子公司的生产率和销售额，并且具有因果关系。资本追加的生产率效应不仅仅发生在当年，也在后续年份继续提升。本章还对资本追加提高企业生产率的作用机制进行了讨论。从企业研发、员工培训、无形资产转移、财务状况和生产要素调整等方面提出四个机制假设，并使用数据进行验证。双重差分的结果显示，在资本追加后期，实验组企业的无形资产规模、研发和员工培训支出、财务流动性均高于对照组，并对生产要素的使用进行了调整，这些变量在提升企业生产率方面发挥了重要作用。

建立资本追加与生产率之间的因果关系并识别其作用机制具有重要的政策意义。一方面，资本追加和外资企业生产率优势之间的因果关系说明，跨国公司对其中国子公司的追加资本具有资本形成效应。因此，政府应该采取一系列政策措施，并创造良好的市场环境，进一步鼓励跨国公司的"再投资"。如通过进一步降低外资的市场准入标准，适度放开外资在相关行业的持股比例上限,增加外资政策的制定和执行的透明度,降低外资政策的不确定性等,将有助于跨国公司在长期内规划投资进程,有序地开展投资。

另一方面,资本追加促进外资子公司生产率优势的影响机制表明,跨国公司的资本追加可以显著提高子公司在华的研发创新和员工培训等人力资本积累的活动;资本追加后,外资子公司无形资产规模显著提升,这意味着跨国公司的后续投资具有较高的技术水平,为发挥外资的生产率溢出效应创造了更多的空间,这对于新阶段我国的经济发展具有重要意义。综上所述,我国政府应继续优化软硬双环境,重视对高质量外资的引进,努力实现引资、用资的平稳调整与长效机制,进而形成政策改革和经济开放良好互动的新格局。

本研究还存在以下不足之处,第一,只能观测跨国公司发生在已经设立的分支机构中的追加投资,但跨国公司的资本追加还可能通过在华设立新企业来完成。上述情况会使得本研究低估跨国公司在制造业的资本再投资的规模,对于这种情况的细致分析需要用到更加详细的统计数据,受限于数据可得性,对于上述问题的进一步处理只能留待日后展开。

第六章 | **外资撤离是否降低企业经营绩效**[①]

- 一、文献综述
- 二、数据、变量与实证策略
- 三、回归结果分析
- 四、本章小结

---

① 本章部分内容发表于《中南财经政法大学学报》2019 年第 2 期。

第六章 | 外资撤离是否降低企业经营绩效

改革开放40多年以来,外商直接投资(FDI)在我国起到了引进国外先进技术、提升企业绩效的关键作用。然而,随着国内产业结构的调整、劳动力成本的上升以及国际经贸环境的改变,外资撤离的情况时有发生。① 中国社会科学院工业经济研究所《中国工业发展报告2014》指出,中国工资水平在过去10余年间大幅增长,制造业平均工资已大幅超过大多数东南亚和南亚国家。劳动力成本上升促使部分在华运营的跨国公司将产业链向越南、印度等国家转移,尤其是金融危机以后,一些知名外资企业如飞利浦灯饰有限公司和深圳艾迪斯电子科技有限公司(三星主要供应商)撤出在中国的投资。除此之外,国际经贸关系的不确定性,尤其是中美贸易纠纷的不断升级,也影响了中国在跨国公司全球产业布局中的地位。在此背景下,全面深入地分析外资撤离与企业绩效之间的关系具有重要的现实意义。

考虑到我国一些地区的经济发展对外资的依赖程度较高,所以外资撤离对经济的负面影响不容忽视。例如我国的东南沿海地区,外资企业数量众多且产业集聚现象较为普遍,企业停产或外资撤离关系到本地经济发展和就业稳定。外资撤离还可能沿着产业链影响上下游企业,其负面影响有进一步扩大的可能性。就微观企业而言,外资撤离一方面意味着企业不再享有跨国母公司主导的全球销售和生产网络,进而会对出口

---

① 关于外资撤离中国的新闻案例较多,例如,2009年3月耐克关闭了它在中国的唯一一家鞋类生产工厂,遣散了1400名员工;2012年由于劳动力成本上升,福特公司将1.2万个工作岗位从中国和墨西哥迁回美国;毕马威2012年报告显示,1—8月份我国房地产领域实际使用外资下降12.4%,降幅高于其他外资投资领域。需要说明的是,本文不认为中国将要面临大范围的外资撤离,只是通过构造样本检验当外资撤离中国企业时,其经营绩效的动态变化,进而为资本流动方向与企业经营绩效之间的关系提供来自中国的证据。

造成冲击。另一方面,外资撤离还可能伴随着技术、专利等无形资产的撤离,不利于在华外资累积效应的形成。由于数据的可获取性限制,本章主要从微观层面探讨外资撤离对企业经营绩效的影响。利用微观数据对这类问题进行研究,可以更准确地揭示资本流动和企业经营绩效之间的内在关系,更重要的是,通过建立变量之间的因果关系并识别其影响机制,对于完善外资政策具有重要的参考价值。

一、文献综述

现有文献主要集中于研究东道国企业接受跨国公司资本对分支企业生产率的影响,而鲜有研究关注外资撤离如何影响企业经营绩效。部分文献就跨国公司并购如何影响目标企业经营绩效进行了研究。阿诺德(Arnold et al., 2009)、刘(Liu et al., 2017)、科尼恩(Conyon et al., 2002)、吉尔玛(Girma et al., 2007)等人发现当跨国公司收购当地企业的部分或全部股权时,被收购企业的全要素生产率、销售额等绩效均显著改善。在阿诺德等人(Arnold et al., 2009)的研究中,印度尼西亚企业被外资并购后,生产率在三年后比对照组企业高出13.5%。然而,跨国并购并不总是带来正面的技术溢出,哈里斯(Harris et al., 2003)和贝纳特罗(Benfratello et al., 2006)等人分别使用英国和意大利的企业数据进行研究,发现跨国公司在并购对象的选择上倾向于生产率更高的当地企业,但外资参与并没有在整体上提高企业的绩效,这类文献认为外国并购方的技术水平是影响目标企业后续绩效的重要因素,如果双方的技术水平接近,则接受资本的企业可能不会有显著的生产率提高。

跨国公司"总部"与"海外分支"的商业联系是确保分支企业在东道国保持其所有权优势的重要因素,当跨国并购发生后,这种商业联系得以建立,使得母公司能够以较低的成本将重要的无形资产跨境转移到分支企业,因此跨国公司被视为全球技术扩散的重要载体。然而,外资参与是否会对东道国企业的技术水平产生根本性的改变,以至于当外资撤离后,这些企业仍保持较高的生产率水平?雅沃尔奇克等人(Javorcik et al.,2017)利用印度尼西亚的企业层面数据研究发现,外资撤离使得企业的生产率相比其他股权状态未发生变化的外资企业下降3.8%,且负面影响持续到撤资的第二年和第三年,这说明外资企业所有权优势依赖于外资的股权持有。外资撤离还使得东道国企业无法再继续享受跨国母公司提供的商业服务,包括母公司在国际金融市场的融资渠道、跨国生产和销售网络,这些都可能对东道国企业带来不利影响。雅沃尔奇克等人(Javorcik et al.,2017)发现外资撤离发生后,本土企业的出口额急剧下降,这正是市场份额缩小的具体表现。此外,诺贝克等人(Norback et al.,2007)、伯特兰等人(Bertrand et al.,2012)认为跨国并购双方资产互补性对于企业竞争力的提升具有促进作用。然而,外资撤离是否会终止该互补性带来的好处,则有待进一步验证。目前国内有关外资撤离的研究较少,苑生龙(2017)仅对国内的外资撤离现象进行了描述性的分析,认为近些年国内出现的部分外资撤离现象不具有长期性,是当前存量调整、产业结构优化升级的必然过程。

  本章的学术贡献主要有以下几点:第一,对外资技术溢出的可持续性问题给予了答案。外资进入为东道国企业带来了先进的技术和管理方式,企业获得了技术溢出,然而,这些改变将如何持续、是否具有根本性,现有研究关注较少。本章以外资撤离为视角,可以很好地分析这个问题;第二,雅沃尔奇克等人(Javorcik et al.,2017)利用印度尼西亚数据对外资撤离如何影响企业经营绩效进行了研究,目前尚没有研究利用中国的数据对此进行探讨,本章为外资撤离和企业经营绩效之间的关系提供了来自中国企业层面的经验证据。

二、数据、变量与实证策略

(一) 数据、变量与"外资撤离"的标准设定

本节的数据样本来自国家统计局 1998—2007 年中国工业企业数据库[1]，该数据总共包括 100 多个财务会计变量，如所属行业信息、工业增加值、全部职工数、企业出口额、实收资本、外国实收资本等信息。在使用该数据库前，本节根据现有文献中处理数据的标准做法对数据做了以下清理：第一是剔除了关键变量（固定资产、总资产、职工人数、企业年产值以及年度销售额）缺失的样本；第二是删除了不符合会计记账原则的样本，如总资产小于流动资产或固定资产的样本，实收资本小于 0 的样本以及当年折旧大于累计折旧的样本；第三是剔除了企业雇佣员工数量低于 8 人的企业；第四是使用勃兰特等人（Brandt et al., 2012）构造的 2 位数行业平减指数对名义变量进行平减，以剔除物价因素的影响。

在构造本节的样本时，基于详细的实收资本信息和登记注册信息识别外资企业是否在后续年份撤走全部资本。判定标准如下：第一，外资企业从某一年开始，其企业登记注册类型从外资转变成内资；第二，相应的外来资本（外国资本资金＋中国港澳台地区资本资金）变为 0；第三，后续年份中其所有权状态不再发生变化。满足这三条的企业将被判定为外资撤离的企业。依据此方法，本节的样本中约有 3000 家外资企业受到母

---

[1] 本节只选取 1998—2007 年的数据，有几个重要的原因：第一，从 2008 年开始，工业企业数据库中没有中间品投入变量，无法用李文森和佩特林的方法计算全要素生产率。第二，无形资产规模、研发投入和员工培训支出是本节实证中的重要变量，而 2008—2013 年的数据没有报告这些指标。第三，2009 年的工业企业数据缺少外商资本金和中国港澳台地区资本金两项指标，只能根据登记注册类型判断企业的所有权属性，具有一定的局限性。

公司的撤资,不到外资企业总数的 1/10。

图 6-2-1 是外资撤离企业在两位数行业的分布情况,撤资主要发生在轻工业,其中服装、鞋、帽制造业、纺织业和皮革、毛皮制造业中的撤资企业约占撤资企业总数的 1/4;其次是通用设备、计算机及其他电子设备制造业和塑料制品业,分别占总撤资企业数的 6.9% 和 6.0%。图 6-2-1 描述的行业分布情况说明,1998—2007 年间外资撤离主要发生在对劳动力成本上升更为敏感的行业,这比较符合经济学家对外资撤离现象的判断。

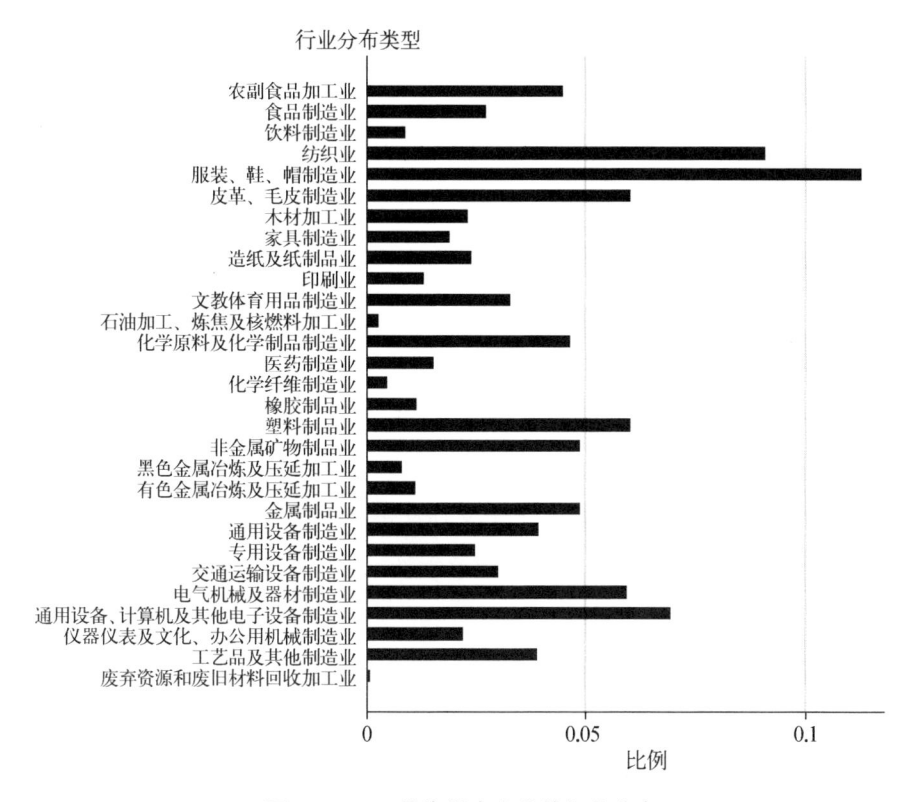

图 6-2-1 外资撤离企业的行业分布

精确度量企业绩效是本研究的核心要点。为了全面评估企业绩效，本研究选取了四个关键指标：全要素生产率、销售额、总产出和出口额，其中全要素生产率（TFP）采用李文森等人（Levinsohn et al.，2003）提出的半参数法计算得出，这种方法对传统的索洛余值所引起的反向因果关系和选择性偏误问题加以改进，使用中间产品投入作为不可预测生产率冲击的代理变量，是学术界广泛使用的 TFP 计算方法。具体地，使用工业增加值、雇佣人数、固定资产水平以及中间投入水平，分行业估计企业全要素生产率。使用销售额、总产出和出口额作为绩效变量时，本节均先取自然对数，再做回归分析。

（二）实证策略：CEM 配对和双重差分模型

在实证分析中，准确识别外资撤离行为与企业绩效水平之间的因果关系具有一定的挑战性。由于跨国母公司的撤资行为是一个内生的决策过程，即使观测到外资撤离引起企业绩效的恶化，也很难判断变量之间存在因果关系。此时，普通最小二乘回归法会给估计结果带来误差。研究通常使用匹配结合双重差分法分析此类问题。该方法的关键是先利用匹配的方法对数据进行预处理，目的是在"未出现外资撤离"的外资企业中找到合适的对照组企业。若配对成功，则对照组企业具有相似的可能性遭遇资本撤离，但事实上该行为并没有发生，构成一个"反事实组"，帮助观测外资撤离没有发生时企业的绩效水平。

匹配方法的不足之处在于研究者只能根据可观测的特征对两类企业进行匹配，而跨国公司的资本撤离行为也会受到众多不可观测因素的影响，即使对照组和实验组企业在可观测变量方面具有良好的平衡性（即相似程度很高），但不可观测变量的差异也会为后续的 OLS 估计带来偏误。相关文献对此的解决方法是，使用双重差分对匹配成功的样本进行回归分析。两种方法的结合可以帮助研究者控制不可观测因素对估计结果的影响。对配对样本进行双重差分,便可以得到资本撤离对企业生产率的"样本平均处置效应"。本节接下来介绍利用 CEM 方法构造配对样本的过程,并对配对样本进行描述。

1. CEM 匹配过程与平衡性检验

采用 CEM 方法对数据进行预处理,该方法被广泛运用于使用调查数据进行因果推断分析的研究。具体而言,对于每一个计划发生外资撤离的企业,在"非撤离"外资企业中选取一个与其具有相似特征的配对样本。在匹配中,本节选择的六个变量是生产率、生产率增长、企业年龄、雇佣规模、销售额和资本劳动比,这些变量对于企业撤资行为具有高度的预测能力[①]。

匹配遵循以下要求:(1)匹配过程被限定在行业-年份的单元内,这要求对于每一个单元,至少有两个企业来自不同的组别,即至少有一个企业属于资本撤离组,另一个企业属于外资所有权状态不变组。[②](2)使用外资撤离前一期的企业特征进行匹配。经匹配成功的"双胞胎企业"构成外资撤离企业的"反事实组",帮助本节观测到当资本撤离未发生时企业的绩效水平。

在匹配中,约有 2900 个外资撤离的企业(构成实验组)找到了具有相

[①] 本节选取的协变量对于外资撤离具有一定的预测能力。为了说明这一点,利用 Probit 模型做回归分析,结果显示,撤资发生前一年的经营绩效(生产率、生产率增长、销售额)越低、企业年龄越大、雇佣规模越小以及资本劳动比越低,分支企业越有可能受到跨国母公司撤资,估计系数均具有较高的统计显著性。
[②] 匹配过程限定在行业-年份单元内,目的是避免不同行业、不同撤资年份的企业匹配在一起,以提高配对样本中实验组和对照组企业在可观测或不可观测因素上的平衡性。理论而言,企业所在地区(省份)差异也是匹配过程中需要考虑的因素,当匹配过程限定在省份-行业-年份单元时,发现只有 411 个外资撤离企业获得匹配,观测值数量与本节回归分析相比减少 80%。

似特征的企业(构成对照组)。表6-2-1报告了变量的统计描述和平衡性检验结果。结果显示,在未经匹配的原始数据中,受资本撤离的企业生产率更低、雇佣规模更小、资本劳动比和销售额更低。匹配完成后,对照组与实验组在多个变量维度上实现平衡,没有显著的差异。

表6-2-1 变量统计描述

变量	未配对样本 $N=386476$(未配对的总样本)				配对样本($t<0$) $N=5964$(实验组+对照组)			
	撤离	未撤离	t值	p值	实验组	对照组	t值	p值
生产率	2.547	2.718	20.093	<0.001	2.446	2.436	−0.233	0.816
生产率增长	0.107	0.120	1.827	0.067	0.154	0.099	−1.189	0.234
企业年龄	1.583	1.709	25.433	<0.001	1.577	1.583	0.185	0.853
雇佣规模	5.032	5.063	4.111	<0.001	5.042	5.009	−0.953	0.341
资本劳动比	4.001	4.102	11.085	<0.001	3.990	4.018	1.641	0.084
销售额	10.172	10.369	22.073	<0.001	10.119	10.051	−1.593	0.087
总产出	10.209	10.400	21.937	<0.001	10.143	10.087	−1.467	0.143
出口额	5.665	6.062	12.487	<0.001	6.121	6.062	−1.160	0.182
平均工资	2.515	2.707	43.399	<0.001	2.381	2.429	1.573	0.089
研发支出	0.555	0.682	8.199	<0.001	0.484	0.417	−0.925	0.355
员工培训支出	0.945	1.139	11.160	<0.001	0.971	0.847	−1.373	0.170
无形资产比重	0.018	0.017	−2.043	0.041	0.019	0.022	1.464	0.143
财务流动性	0.111	0.118	3.074	0.002	0.129	0.125	−0.341	0.733

2. 双重差分模型

跨国公司资本撤离的决定受到各种因素的影响(包括可以观测和不可观测的变量),即使两组企业在可观测变量维度达到高度平衡,而不可观测的特征差异仍会存在。在此情形下,利用双重差分模型对配对样本进行回归分析,可以估计出更加准确的系数。设定的双重差分模型如下:

$$y_{it} = a_i + \gamma \times \text{Post}_t + \beta(\text{Divestment}_i \times \text{Post}_t) + \varepsilon_{it} \quad (1)$$

模型(1)中 i 表示企业,y 为企业绩效,a_i 是企业固定效应,可以控制模型中不随时间变化的企业特征对估计结果的影响。Divestment 是二元变量,值为 1 时表示该企业在实验组,组内企业均经历外资撤离,值为 0 时则为对照组。t 为时期,$t=-1$、0、1、2、3 和 4,分别表示资本撤离发生前一年、当年、第一年、第二年、第三年和第四年。在估计模型(1)时,本节考虑两种情形,第一是以 $t=0$ 为分割点,将样本期间划分为资本撤离前($t<0$)和资本撤离后($t \geqslant 0$)。当 $t \geqslant 0$ 时,Post 取值为 1,否则取值为 0。第二是分别估计资本撤离在当年、第一年……直到第四年对企业绩效的影响。例如估计外资撤离在第一年如何影响企业绩效时,使用 $t=-1$ 和 $t=1$ 两期数据对模型(1)进行估计,估计外资撤离在第二年如何影响企业绩效时,使用 $t=-1$ 和 $t=2$ 两期数据进行估计,以此类推。

三、回归结果分析

从表 6-2-1 的配对样本平衡性检验可以看出,实验组和对照组企业在第 0 期前($t<0$)取得了较好的平衡性。图 6-3-1 描述了两组企业绩效相对变化的趋势。图中横轴表示时期,第 0 期是资本撤离发生的开

始时期,从左到右分别为资本撤离的前 2 期、前 1 期以及资本撤离的当年、资本撤离后的第 1 期、第 2 期等。纵轴表示实验组和对照组的绩效之差 $Y_d = Y_{实验组} - Y_{对照组}$,竖线是 95% 的置信区间。可以看出,在外资撤离前两期,Y_d 接近为 0,而在资本撤离发生后($t>0$),Y_d 持续下降,实验组企业相对于对照组企业而言具有更低的全要素生产率、销售额、总产出和出口额,这初步说明了资本撤离后企业的经营绩效恶化。

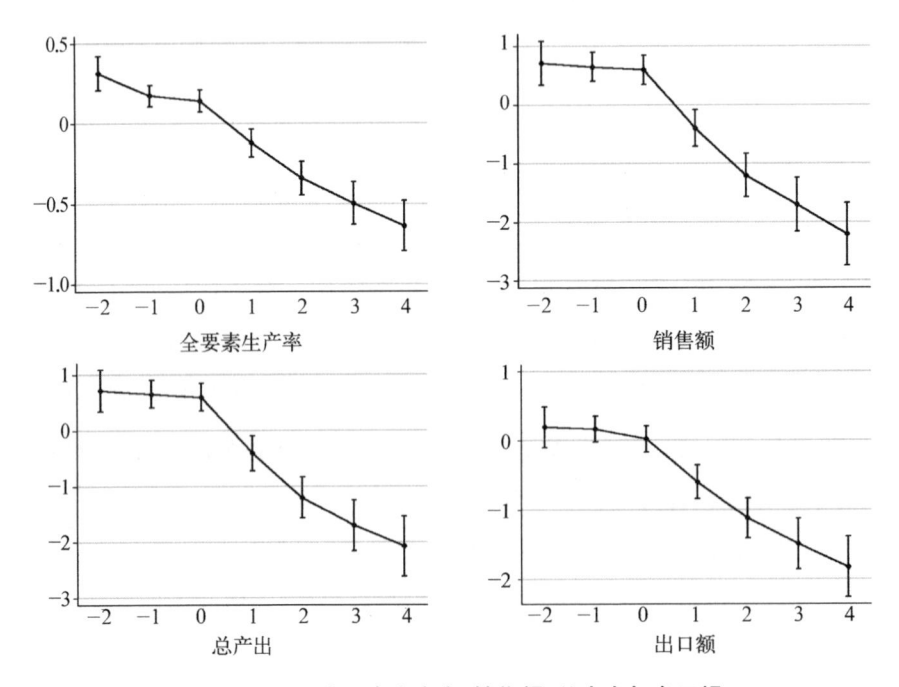

图 6-3-1　全要素生产率、销售额、总产出与出口额

(注:图中横轴表示时期,第 0 期是外资开始撤离的年份,负数表示资本撤离前期;纵轴表示实验组和对照组的企业绩效之差,竖线表示 95% 的置信区间。)

(一) 匹配与双重差分实证结果分析

表 6-3-1 报告了模型(1)在只考虑外资撤离前后两期时的回归结

果。在实证分析过程中,本节将按照以下步骤依次估计外资撤离对全要素生产率、销售额、总产出和出口额的影响,本节将重点关注 Post×Divestment 的系数。可以看出,资本撤离明显降低了企业的全要素生产率、销售额、总产出和出口额。在资本撤离后,实验组企业的全要素生产率相对于对照组企业下降了 8.8%;而销售额和总产出的降幅相似,比对照组企业降低约 15%;资本撤离对企业出口影响最大,实验组企业相对于对照组企业下降了 35.6%。以上结果均在 1% 的统计水平上显著。

表 6-3-1　基准回归

变　　量	(1) 全要素生产率	(2) 销售额	(3) 总产出	(4) 出口额
Post	0.069*** (0.016)	0.110*** (0.013)	0.103*** (0.013)	0.210*** (0.065)
Post×Divestment	**−0.088*** (0.018)**	**−0.148*** (0.014)**	**−0.149*** (0.014)**	**−0.356*** (0.071)**
样本量	25640	25640	25640	25640
R^2	0.059	0.101	0.103	0.007

(注:所有回归都控制了企业固定效应和时间固定效应;回归时样本区间为 $t \in [-2, 4]$;括号内为标准误差,*、** 和 *** 分别表示在 10%、5% 和 1% 水平上显著。下表同。)

从图 6-3-1 可以发现,实验组和对照组的企业绩效从 $t=0$ 开始出现明显的分化,这说明在实证方式上,将样本区间简单划分为资本撤离前后两期,这会掩盖撤资对企业绩效影响的动态变化。本节将使用双重差分方法继续检验资本撤离在当年、第一年……直到第四年对企业绩效的影响。表 6-3-2 报告了资本撤离对企业全要素生产率、销售额、总产出和出口额在不同时期的影响,结果显示资本撤离在总体上降低了企业经营绩效,而且交互项系数的大小呈上升趋势。从系数大小看,在撤资发生当年,实验组企业的全要素生产率低于对照组企业 8%,到第四年,二者之差额上升至 17.7%;类似地,实验组企业和对照组企业的销售额之差从撤资发生当年的 12.6%扩大至 22.8%,资本撤离对总产出和销售额的影响在系数大小上差别不大,并且结果均在 1%的统计意义上显著。值得注意的是,资本撤离对出口的负面影响从第三年开始就不再显著,可能的解释是外资撤离的冲击使得企业在短时间内与国际市场联系变弱,但该冲击的影响在第三年开始变弱,也就是说企业将慢慢恢复与国际市场的联系。本节的结果稳健地表明,撤资不仅在当年显著降低了企业的绩效,其负面作用一直持续到后续年份。

表 6-3-2 外资撤离在各个时期对企业绩效的影响

变 量		(1) 外资撤离当年	(2) 第一年	(3) 第二年	(4) 第三年	(5) 第四年
全要素生产率	Post× Divestment	−0.080*** (0.021)	−0.072** (0.029)	−0.089** (0.037)	−0.148*** (0.048)	−0.177*** (0.058)
	样本量	11192	9246	8240	7318	6850
	R^2	0.022	0.052	0.095	0.085	0.122

变 量		(1) 外资撤离当年	(2) 第一年	(3) 第二年	(4) 第三年	(5) 第四年
销售额	Post× Divestment	−0.126*** (0.018)	−0.118*** (0.026)	−0.136*** (0.033)	−0.177*** (0.043)	−0.228*** (0.054)
	样本量	11192	9246	8240	7318	6850
	R^2	0.030	0.073	0.112	0.110	0.134

续　表

变　量		(1) 外资撤离当年	(2) 第一年	(3) 第二年	(4) 第三年	(5) 第四年
总产出	Post×Divestment	**−0.130*** (0.017)**	**−0.139*** (0.025)**	**−0.133*** (0.033)**	**−0.181*** (0.043)**	**−0.233*** (0.053)**
	样本量	11192	9246	8240	7318	6850
	R^2	0.033	0.075	0.110	0.105	0.137

变　量		(1) 外资撤离当年	(2) 第一年	(3) 第二年	(4) 第三年	(5) 第四年
出口额	Post×Divestment	**−0.304*** (0.094)**	**−0.247* (0.127)**	**−0.317** (0.154)**	**−0.253 (0.194)**	**−0.351 (0.224)**
	样本量	11192	9246	8240	7318	6850
	R^2	0.002	0.001	0.002	0.007	0.016

（二）稳健性检验

1.外资撤离对企业绩效的动态影响

为了检验回归结果的稳健性，另外一种做法是使用 Divestment 与每一期哑变量形成交互项，以检验资本撤离从期初（资本撤离的前三期）到期末（资本撤离的第四期），每一期的动态影响。该方法的优点在于不仅可以看到两组企业在资本撤离发生前的企业绩效差异性（进而可以看到对照组的构建是否有效），也可以看到资本撤离在后续年份对企业绩效的动态效应。本节预期的结果是：资本撤离前（$t<0$）的交互项系数没有统计意义上的显著性，而资本撤离后的交互项系数均显著为负。其原因是经配对的样本，被解释变量在两组间已经没有显著差异，而资本撤

离从 $t=0$ 开始对企业绩效产生负面影响,交互项系数开始出现统计意义的显著性。

表 6-3-3 的第(1)—(4)列分别报告了当被解释变量为全要素生产率、销售额、总产出和出口额的回归结果。结果显示,从资本撤离年份起,外资撤离对企业全要素生产率具有显著的负面影响,并且系数大小整体呈上升趋势。在资本撤离的开始时期,对照组企业全要素生产率比实验组企业高 7.7%,而在第四期,该差额上升至 17.3%,其他绩效变量也呈现类似的趋势。外资撤离前期的交互项系数不显著,这说明在撤资发生前,实验组和对照组的全要素生产率、销售额、总产出和出口额均没有统计意义上的显著差异。这也进一步验证了本节使用匹配方法构建对照组的有效性。

表 6-3-3 外资撤离对企业绩效的动态影响

	(1) 全要素生产率	(2) 销售额	(3) 总产出	(4) 出口额
Period(−3)×Divestment	−0.054 (0.053)	−0.003 (0.045)	−0.028 (0.043)	−0.087 (0.215)
Period(−2)×Divestment	−0.009 (0.042)	−0.025 (0.047)	−0.035 (0.046)	−0.126 (0.213)
Period(−1)×Divestment	−0.004 (0.027)	0.002 (0.051)	0.005 (0.049)	−0.117 (0.217)
Period(0)×Divestment	−0.077*** (0.027)	−0.121** (0.052)	−0.122** (0.050)	−0.430** (0.217)
Period(1)×Divestment	−0.047 (0.033)	−0.119** (0.054)	−0.130** (0.053)	−0.454** (0.228)
Period(2)×Divestment	−0.065* (0.039)	−0.139** (0.057)	−0.136** (0.056)	−0.485** (0.237)

续 表

	(1)	(2)	(3)	(4)
	全要素生产率	销售额	总产出	出口额
Period (3)×Divestment	−0.145*** (0.048)	−0.167*** (0.062)	−0.168*** (0.061)	−0.547** (0.257)
Period (4)×Divestment	−0.173*** (0.056)	−0.218*** (0.066)	−0.221*** (0.066)	−0.587** (0.270)
样本量	25640	25640	25640	25640
R^2	0.013	0.072	0.070	0.003

(注：Period[0]表示资本撤离当年，其余为相对撤资当年的年份。)

2. 外资撤离对其他指标的影响

作为基准回归的稳健性检验，本节将继续检验外资撤离如何影响平均工资水平、雇佣规模和资本劳动比。表6-3-4的第(1)—(3)列依次是将被解释变量换成平均工资、雇佣规模以及资本劳动比的回归结果。结果显示资本撤离后实验组企业的平均工资、雇佣规模和资本劳动比相对于对照组企业分别下降4.2%、11.6%和51.9%，且所有系数均在1%的统计意义上显著。

以上结果从不同角度反映了外资撤离对企业的影响，各列回归结果背后的经济学意义略有不同。表6-3-4第(1)列的结果显示，实验组企业在资本撤离后，其平均工资低于对照组企业约4.2%，这说明企业劳工福利水平相对变差。就理论而言，完全竞争假设下的工资水平反映的是企业的边际产出水平，平均工资水平下降是企业绩效降低的重要表现。从表6-3-4第(2)列和第(3)列中可以看出，资本撤离后企业的雇佣规模和资本劳动比显著缩小，实验组企业在这两个指标上相较于对照组企业而言分别下降11.6%和51.9%。这说明外资撤离后，企业在生产要素的使用上做出了较大的调整。资本劳动比的回归系数更大,说明外资撤离减少了企业的资本存量,并且超过了劳动要素下降的幅度。这些都是资本撤离导致企业绩效下降的外在表现。

表6-3-4 外资撤离对其他指标的影响

	(1) 平均工资	(2) 雇佣规模	(3) 资本劳动比
Post×Divestment	−0.042*** (0.013)	−0.116*** (0.011)	−0.519*** (0.016)
样本量	25569	25640	25471
R^2	0.133	0.020	0.092

(三) 外资撤离对企业绩效的影响机制研究

从无形资产规模、财务流行性以及研发和员工培训支出三个角度检验外资撤离影响企业绩效的机制。

首先,无形资产是跨国公司生产率优势的重要来源,商标、工艺、技术、专利等无形资产被认为是企业的核心竞争力,如果外资撤离的同时,企业的无形资产规模也在缩减,这将对企业核心竞争力产生不利影响。表6-3-5的第(1)列是将模型(1)的被解释变量替换成无形资产占总资产比重的回归结果,该回归系数显示,实验组企业的无形资产相对比重在外资撤离后降低了0.3%,且在1%的统计意义上显著,这说明跨国公司撤离资本的同时,也降低了分支企业的无形资产规模。因此,外资撤离确实影响企业的技术、专利等核心资产。

其次,外资撤离也会降低用于提高企业绩效的前期投资。研发和员工培训一直被认为是提高企业绩效的重要途径,这类支出的大幅下降将不利于企业竞争力的提升。表6-3-5的第(2)、(3)列是将模型(1)中的被解释变量分别替换成研发支出和员工培训支出的回归结果,其结果显示,实验组企业研发支出和员工培训支出分别降低了10.3%和8.9%,且在1%的统计意义上显著,这说明外资撤离降低了企业用于提高绩效的投资。

最后,外资撤离导致目标企业在短期内只能依赖于国内金融市场的融资,企业的资金来源可能因此而受限。本节为了验证这一假设,根据马诺瓦等人(Manova et al., 2016)的做法,利用流动资产减去流动负债之间的差额在总资产中的比重来衡量企业的财务状况(该指标数值越大,说明财务状况越好)。表6-3-5第(4)列的结果显示,外资撤离后,实验组企业的财务流动性明显低于对照组企业,这表明企业的财务状况与跨国母公司的股权持有之间存在高度相关性,这进一步表明,外资撤离对于企业的财务状况具有明显的负面影响。

表6-3-5 外资撤离影响企业经营绩效的机制

变量	(1) 无形资产/总资产	(2) 研发支出	(3) 员工培训支出	(4) 财务流动性
Post×Divestment	−0.003*** (0.001)	−0.103*** (0.037)	−0.089* (0.053)	−0.047*** (0.009)
样本量	25601	19970	12665	25601
R^2	0.040	0.005	0.002	0.003

四、本 章 小 结

本章检验了外资撤离与企业绩效之间的因果关系,基本结论是外资撤离降低了企业的经营绩效，在后续年份里，实验组企业相对于对照组企业具有更低的全要素生产率、销售额、总产出和出口额。此外，本章还深入探讨了外资撤离对企业产生的多方面影响。当外资撤离时，平均工资、雇佣规模以及资本劳动比均会出现显著下降。从影响机制看，本章发现外资撤离通过降低企业无形资产规模、研发支出、员工培训支出和财务流动性使得企业绩效恶化。

  本章的研究具有重要的理论和现实意义。首先，本章从理论上研究了资本流动和企业绩效之间的因果关系，证实了外资企业相对于内资企业的"所有权优势"是依赖于外资的连续股权持有。相关文献中通常使用跨国并购数据库来研究接受外资的企业在后续年份是否具有更好的经营绩效，本章以外资撤离为切入点，与现有文献构成互为补充的关系，为资本流动与企业生产率之间的关系研究提供了新的视角。其次，本章也有一定的现实意义。在各国竞相吸引优质外资的时代，跨国公司的投资行为值得受到东道国政府的高度关注。对发展中国家而言，东道国政府在吸引外资时，应制定长期规划政策，并建立有效的监督和反馈机制，这些措施旨在鼓励跨国公司进行长期投资，减少短期资本的套利行为。最后，本章受企业样本信息所限，也有一定的不足之处。本章在定义撤资企业时，还有一种可能性是跨国公司将撤离的资本用于国内其他地区设立新工厂，这种情况下数据上显示的撤资可能只是跨国公司在国内各个地区之间进行的布局调整。由于本章的样本无法判断这种情况，因此在数据可获取的前提下，这将是改善本研究的一个方向。

第七章 跨国公司进入模式、技术扩散与中国企业生产率

- 一、引进外资的政策背景
- 二、实证方法、变量定义与数据来源
- 三、实证结果分析
- 四、本章小结

第七章 | 跨国公司进入模式、技术扩散与中国企业生产率

改革开放 40 多年来,随着中国不断扩大对外开放,中国经济与全球经济的融入程度不断加深。中国努力构建开放型经济新体制,外资自由化和贸易自由化的不断推进是其中的重要举措。随着中国逐步放宽对外商投资的市场准入,中国每年实际利用外资的规模不断扩大。与此同时,跨国公司的进入模式和投资行为,也经历着较为深刻的改变。本章注重研究外资进入模式如何影响外资技术扩散和中国企业的技术进步。

外资进入模式在本章指的是跨国公司进入中国后,是选择与当地企业合作,组建合资企业,还是直接设立分支机构,成立独资企业。中国在过去很长一段时间内,在许多行业中实施了对外资的股比限制的政策。然而,需要明确的是,中国大量的合资企业并不完全是由股比限制政策引起的。理论上,在没有政策干预的行业或地区,外资进入模式的选择主要是由利润最大化所驱动,选择合资、合作,还是独资模式,都是基于市场化的逐利行为。而在那些外资占比受到限制的行业,外资进入模式主要以中外合资为主。随着中国外资管制的逐步放松,外商在更多行业可以自由选择进入模式。[①]

外资进入模式的差异意味着跨国公司在华分支企业具有不同的所有权结构,那么中外合资和外商独资是否都促进了中国企业生产率的增长,二者的影响又有何差异性,关于这一问题,目前文献尚缺乏系统的回答。然而,这一问题的重要性不容忽视,因为它直接关系着"市场换技术"政策的实施效果。"市场换技术"政策的核心在于鼓励或强制跨国公司入境投资时,与国内企业组建合资企业,旨在通过这种方式去引导中国企业向跨

[①] 例如,中国在 2018 年取消了专用车、新能源汽车生产企业的外资股比限制,2020 年后,逐步取消了商用车和乘用车生产企业的股比限制。这些政策的落地必将影响跨国公司在华投资行为和新进入外资企业的模式选择。

国公司学习先进技术和管理经验。该政策方针的效果如何，以及中国企业是否因政策干预而取得了技术进步，这不仅是一个学术问题，更关系着对中国改革开放 40 多年来"引进来"政策的评价和总结。

从全球范围来看，利用政策干预外资企业的股权结构较为普遍，也是很多国家（不仅仅是中国）外资政策规制中的核心内容，例如印度、印度尼西亚、巴西、墨西哥、韩国及土耳其等许多新兴经济体，都对外资参与设有限制性政策；类似地，发达国家如芬兰、法国、挪威、瑞典、瑞士，甚至美国也在其外资政策中设置本土化条款(Karabay，2010)。尽管该政策在国际投资谈判中备受争议，但许多国家仍坚持在其外资政策中保留股权限制条款，这背后的考虑一方面是合资对国内企业的竞争冲击相对较小，更重要的是合资相对于外国独资可能更有利于本国企业学习外国先进技术。然而，合资企业是否真的比外商独资企业带来更多的技术扩散，目前文献对此问题的研究缺乏系统性的探讨。

外商直接投资是否有助于提高东道国企业的技术水平，以及影响技术溢出的条件等问题在相关文献中已经得到广泛的研究。相关文献对不同的国家（包括中国）、从不同的角度进行了考察，而现有研究的结果也各有不同，学术界对此尚未形成共识，本章的研究证实，从所有权结构的视角研究外资技术扩散及其作用条件，对于理解很多国家坚持实行股权限制政策具有重要意义。本章采用中国 1998—2007 年的企业层面数据，深入探究了中外合资企业和外商独资企业对中国企业的技术扩散效应。研究结果显示，中外合资企业相较于外商独资企业为中国带来更多的技术溢出，并进一步研究在什么条件下中外合资企业能带来更多技术溢出以及其对应的政策内涵是什么。研究结果揭示了在特定条件下，中外合资企业的技术溢出效应更为显著。这些条件包括中外企业技术差距、市场竞争程度和中国企业本身的研发活动和信贷约束。第一，中国企业与外资企业的技术差距越大，合资企业就会给中国企业带来更多的学习效应；

第二,行业垄断程度越高,合资企业带来的学习效应也越低;第三,从企业自身角度来看,中国企业的技术吸收能力也是影响其学习效应的重要因素,企业的吸收能力越强,其学习效应的获取就更加显著;第四,中国企业面临的融资约束越弱,合资企业所带来的学习效应更强;第五,合资企业对国有企业和民营企业的技术溢出大小没有显著差异。

中外合资和外商独资为何会对中国企业生产率产生不同的影响?理论上,合资企业与外商独资企业类似,既可能给国内企业带来技术溢出,也可能在产品市场上对内资企业直接构成竞争威胁。然而,相比于外商独资企业,合资企业更有利于东道国企业的学习。在合资所有权结构下,东道国投资者持有一定比例的股份,可以有更多的机会参与企业的管理和决策,这一方面扩大了外资向东道国知识溢出和技术转移的范围和空间,从而增加了本土企业学习外国先进技术的可能性(Blomstrom et al., 1999);另一方面,从契约的角度看,合资双方在合同中很难对跨国公司的专有知识、技术等使用权方面做出"面面俱到"的规定,这增加了知识溢出的可能性(Javorcik et al., 2008)。而在外商独资所有权结构下,外国投资者无须与东道国伙伴共同使用专有技术和知识,也不必分享先进的管理经验,从而能够更好地保护其技术和管理经验,因此内资企业的学习效应更为间接、机会更少。相比之下,合资企业更有利于内资企业学习外国技术。

本章的研究发现有助于解释中国企业为何在如此短的时间内取得技术进步,以及中国为何能够取得长期的经济增长。改革开放40多年来,中国从人均GDP只有194美元的欠发达国家,增长成为人均GDP约为1.25万美元的中等收入国家,40多年内GDP年均增长9.5%,开创了历史上最长时间持续高增长的显著成就,这个现象被称为"中国奇迹"。经济学家将中国经济的成功归因于中国从20世纪80年代开始的贸易和外资政策改革,发展劳动密集型等比较优势产业的结果。在众多的因素中,中国企业技术水平和自主创新能力的提升被认为是"中国奇迹"的关键。因此，本章从外商直接投资技术扩散的角度为中国企业技术水平和创新能力的持续进步提供了一个解释。

在全球化时代，外资政策是各国经济政策的重要组成部分。各国在外资所有权结构上政策各不相同，同一个国家在不同时期的政策也不同。如何制定合适的外资政策，对一国经济的健康和持续发展具有重要意义。尤其中国目前正处在进一步扩大开放的重要节点，中国与美国等多个国家正进行双边投资协定（BIT）的谈判，其中关于外资所有权结构的规制，将是国际谈判以及中国外资政策修订的关键，本章的研究对于政策制定具有重要的参考意义。本章表明，从溢出效应的角度而言，合资政策安排更有利于本国企业技术水平的提升。

一、引进外资的政策背景

在过去的40多年里，中国的外资自由化程度不断扩大，各级政府除了积极运用税收、土地优惠等政策激励吸引外资，还使用股权规制政策促进跨国企业的技术转移。"市场换技术"政策是中国改革开放以来利用外资的重要指导原则，其主要方式是鼓励或强制外资企业通过与国内企业建立中外合资或合作的方式促进中国企业学习外国先进技术。"市场换技术"提出的重要背景是改革开放初期，中国在很多行业（特别是汽车、轮船等技术和资本密集型等非比较优势行业）与发达国家技术差距大，工业体系也不健全，因此外资参与对于中国经济早期发展至关重要。而在中国企业竞争力不足的情况下，外资自由化程度过大不利于建立由本土主导的产业体系。中国当时采取的"财税激励"加"股权规制"的政策组合相对而言更加适合中国当时的发展状况。在该政策的引导下，FDI在中国增长较快

(图7-1-1)。伴随着市场准入的放宽,外资政策经历了几轮改革,尤其是中国加入WTO后,部分行业已经放松了对外资股权结构的限制。外资所有权结构也经历着改变,图7-1-2显示,1999年,中外合资在总的实际利用外资中占比约为62%,而到2017年,该比例下降至23%,这说明在大部分行业,跨国公司可以自由地选择进入模式,而不受股比限制政策的干预。

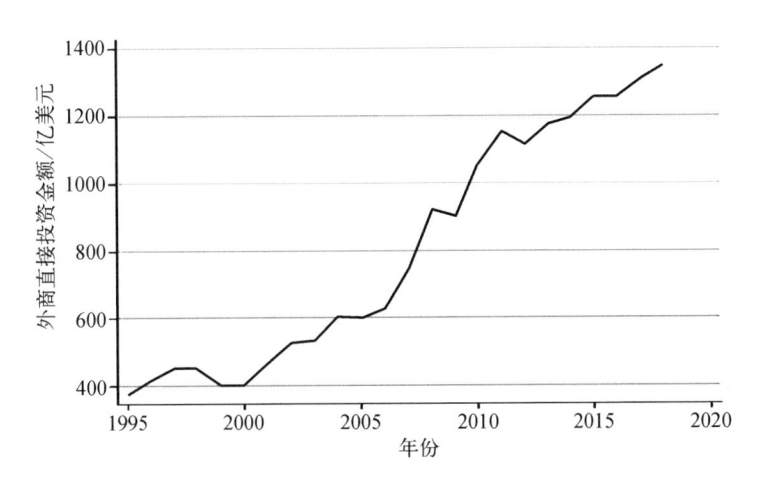

图7-1-1 实际利用外商直接投资(国家统计局数据)

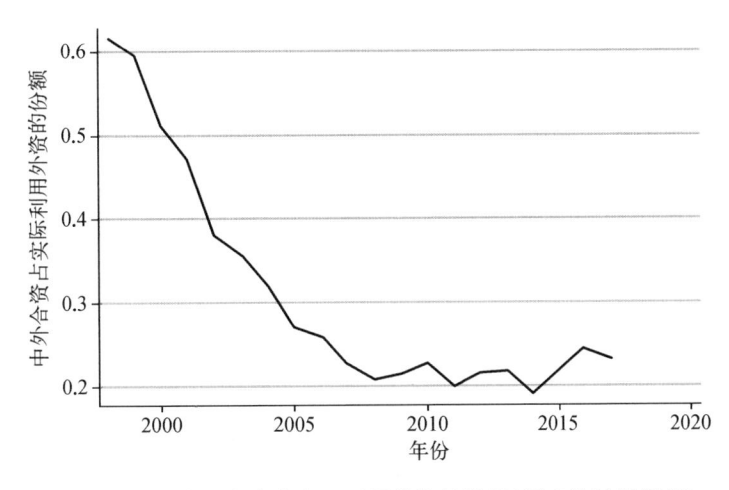

图7-1-2 中外合资占实际利用外资的份额(国家统计局数据)

根据国家发展改革委 2018 年制定的新的外商投资负面清单，中国明确了下一步扩大开放的方向。将分类型对汽车行业实行开放过渡期，通过 5 年过渡期，汽车行业将全部取消限制，船舶行业、飞机制造业已于 2018 年取消股比限制。这类措施将进一步吸引高质量的跨国公司进入中国，进而有利于促进中外企业开展更广泛的资本、技术和管理方式的交流与合作。

二、实证方法、变量定义与数据来源

（一）模型设计、主要变量定义与数据说明

1. 模型设计

估计如下模型：

$$\text{TFP}_{ijt} = \beta_0 + \beta_1 \times \text{FDIJV}_{jt-1} + \beta_2 \times \text{FDIWFO}_{jt-1} + X'_{ijt-1}\lambda + D_i + D_t + \varepsilon_{ijt} \tag{1}$$

其中 TFP_{ijt} 表示 j 行业中 i 企业在 t 年的生产率，FDIJV 和 FDIWFO 分别表示中外合资（joint venture）与外商独资（wholly foreign owned）在 t 年行业 j（4 位数水平）中的参与程度。X 表示其他企业层面和行业层面的控制变量，如企业年龄和年龄平方项、资本劳动比、政府（国家）参股比例和行业集中程度等。企业年龄变量衡量企业生命周期，处于不同生命周期阶段的企业可能有不同生产率水平；企业的资本投入程度以及国有资本的参与程度，也可能影响企业生产率；行业集中程度是为了控制各个行业的竞争程度。为尽量减少计量估计的内生性，对 FDI 变量和行业集中度以及资本劳动力数目之比采取滞后一期处理。D_i 为企业固定效应，控

制不随时间变化的企业特征，D_t 表示时间固定效应，用来控制所有只随时间变化的因素，如宏观经济政策。相比于以往文献使用行业层面面板数据(陈涛涛，2003)或者企业层面横截面数据模型(王志鹏 等，2003)，企业层面面板数据可以控制企业固定效应与时间固定效应，这极大地减少了潜在的遗漏变量问题，从而提高了估计质量。ε 表示异方差稳健的误差项。

2. 主要变量定义

准确度量企业生产率是本研究的关键。本节主要采用两种方法来衡量企业生产率，一是采用李文森等人(Levinsohn et al., 2003)提出的半参数法，该方法对传统的索洛余值所引起的反向因果关系和选择性偏误问题加以改进，使用中间产品投入作为不可观测生产率冲击的代理变量，是目前学术界使用非常广泛的计算 TFP 的方法。使用增加值、雇佣人数、固定资产水平以及中间投入水平，分行业估计企业全要素生产率。另外采用人均工业增加值衡量 TFP 作为结果的稳健性检验。所有名义变量均利用平减指数转化为了实际变量(Brandt et al., 2012)。

中外合资 FDI 与外商独资 FDI 是该模型的关键解释变量，用于度量各行业中合资 FDI 与独资 FDI 的比例。根据我国《中外合资经营企业法》的规定，外资所占股比达到 25% 及以上的企业才可被认定为中外合资企业。外方投资者的出资比例占合资企业资本的 25%—95% 之间的企业定义为中外合资企业，外方出资比例大于 95% 的企业定义为外商独资企业。[①] 在此基础上，沿袭艾特肯等人(Aitken et al., 1999)所提出的度量方法，构造行业层面中外合资 FDI 与外商独资 FDI 如下：

[①] 本节采用常等人(Chang et al., 2013)中对独资企业的定义，外商持股比例超过 95% 将被视为独资企业。

$$\mathrm{FDIJV}_{it} = \frac{\sum_i \mathrm{FSJV}_{ijt} \times \mathrm{Labor}_{ijt}}{\sum_i \mathrm{Labor}_{ijt}} \qquad (2)$$

$$\mathrm{FDIWFO}_{jt} = \frac{\sum_i \mathrm{FSWFO}_{ijt} \times \mathrm{Labor}_{ijt}}{\sum_i \mathrm{Labor}_{ijt}} \qquad (3)$$

其中FSJV_{ijt}表示位于j行业的i合资企业在第t年中外商持股比例,同理,FSWFO_{ijt}表示独资企业的外商持股比例,Labor则表示企业的职工总人数。

行业集中度用来衡量行业内的垄断程度(即行业集中度越高,市场竞争程度越低),其值为赫芬达尔指数,即行业内每个企业的市场份额的平方和,该指数在0到1之间。

表7-2-1给出了各企业层面和行业层面变量的定义与统计描述。可以发现,被解释变量与解释变量均具有相当大的变差,这保证了计量估计结果的可靠性。

表7-2-1 主要变量定义及统计性描述

变量名称		变量定义	观测值	平均值	标准差
企业层面变量	TFP	企业生产率(log)	1003614	2.558	1.156
	K/L	资本劳动比(log)	1094361	3.194	1.335
	State Share	国有股份比例	1094781	0.117	0.311
	Age	企业年龄	1094703	11.986	12.495
	AgeSq	企业年龄平方项	1094703	299.784	654.420

续 表

变量名称		变量定义	观测值	平均值	标准差
行业层面变量	FDIJV	中外合资 FDI 行业比例	4852	0.050	0.048
	FDIWFO	外商独资 FDI 行业比例	4852	0.141	0.162
	Concentration	行业集中度（赫芬达尔指数）	4852	0.017	0.032

3. 数据来源

使用的数据来自国家统计局1998—2007年中国工业企业数据库，样本包括全部国有企业以及规模以上（年销售收入在500万以上）的非国有工业企业，这套数据库总共包括100多个财务会计变量和丰富企业层面信息，例如企业类型、所属行业、工业增加值、全部职工数、企业出口额、实收资本、中国港澳台地区投资资本以及其他外商投资资本等信息，这些信息有助于观察企业的个体特征，并且可以将企业的信息加总得出相应的行业数据变量。此外，本节根据现有文献中处理数据的标准做法对本节数据做了以下清理：第一是剔除了关键变量（固定资产、总资产、职工人数、企业年产值以及年度销售额）缺失的观测值；第二是删除了不符合会计记账原则的观测值，如总资产小于流动资产或固定资产的样本，实收资本小于0的样本以及当年折旧大于累计折旧的样本；第三是剔除了企业雇佣的工人数量低于8人的企业；第四是为了剔除物价因素的影响，使用勃兰特等人（Brandt et al.，2012）构造的2位数行业平减指数对名义变量进行平减。

表7-2-2是1998—2007年两种类型的FDI在两位数行业的平均投资比例。1998—2001年的前两列是中国加入WTO之前FDI行业比

重,2002—2007 年的后两列是中国加入 WTO 后 FDI 行业比重。从中发现 FDI 在各行业的存在性有较大的差异,外商独资 FDI 比例在所有两位数行业中均上升,其中比例最高的为文教体育用品制造业,"入世"前后的比例分别为 0.4229 和 0.5439;中外合资 FDI 的比例在大多数行业表现为下降趋势,其中下降幅度最大的行业分别是文教体育用品制造业(从 0.1044 下降到 0.0611)、电气机械及器材制造业(从 0.1036 下降到 0.0714)和皮革、毛皮、羽绒及其制品业(从 0.1132 下降到 0.0734)。

表7-2-2 中外合资与外商独资企业行业持股比例

行　　业	1998—2001 年 中外合资	1998—2001 年 外商独资	2002—2007 年 中外合资	2002—2007 年 外商独资
食品加工业	0.0499	0.0336	0.0552	0.0843
食品制造业	0.0675	0.1055	0.0569	0.1613
饮料制造业	0.0722	0.0198	0.0782	0.0706
纺织业	0.0380	0.0494	0.0416	0.1250
服装及其他纤维制品制造业	0.0923	0.1944	0.0707	0.2898
皮革、毛皮、羽绒及其制品业	0.1132	0.3596	0.0734	0.4415
木材加工及竹、藤、棕、草制品业	0.0506	0.0719	0.0356	0.1127
家具制造业	0.0801	0.2043	0.0572	0.3705
造纸及纸制品业	0.0420	0.0517	0.0412	0.1208
印刷业	0.0407	0.0701	0.0466	0.1656
文教体育用品制造业	0.1044	0.4229	0.0611	0.5439
石油加工及炼焦业	0.0220	0.0035	0.0212	0.0125
化学原料及化学制品制造业	0.0256	0.0177	0.0289	0.0571
医药制造业	0.0485	0.0173	0.0440	0.0475

续　表

行　业	1998—2001 年 中外合资	1998—2001 年 外商独资	2002—2007 年 中外合资	2002—2007 年 外商独资
化学纤维制造业	0.052	0.0354	0.0481	0.0711
橡胶制品业	0.0635	0.0922	0.0539	0.2058
塑料制品业	0.0624	0.2044	0.0470	0.3136
非金属矿物制品业	0.0279	0.0237	0.0313	0.0566
黑色金属冶炼及压延加工业	0.0187	0.0032	0.0244	0.0201
有色金属冶炼及压延加工业	0.0244	0.0120	0.0277	0.0418
金属制品业	0.0460	0.0943	0.0458	0.1857
普通机械制造业	0.0344	0.0239	0.0383	0.0787
专用设备制造业	0.0201	0.0252	0.0254	0.1097
交通运输设备制造业	0.0460	0.0230	0.0575	0.0769
武器弹药制造业	0.0564	0.1057	0.0570	0.2354
电气机械及器材制造业	0.1036	0.2946	0.0714	0.5459
电子及通信设备制造业	0.0655	0.1938	0.0576	0.3760
仪器仪表及文化、办公用机械制造业	0.0557	0.2203	0.0565	0.3150
其他制造业	0.0230	0.0259	0.0383	0.0822

（注：持股比例由对所有企业在两位数行业持股比例的加权平均计算得到。）

三、实证结果分析

（一）基准回归结果

表 7-3-1 报告了模型(1)的回归结果。第(1)—(3)列的被解释变

量是用半参数方法李文森等人(Levinsohn et al., 2003)计算出的 TFP。在第(1)列,模型中仅控制企业和年份固定效应,并发现国内企业的生产率跟合资 FDI 显著地正相关,而跟独资 FDI 显著地负相关。这表明国内企业的生产率与合资 FDI、独资 FDI 存在基本的线性关系。在第(2)列,控制企业层面的特征变量,在第 3 进一步控制行业层面特征变量。可以一致地发现,合资 FDI 变量(FDIJV)的系数为正,独资变量(FDIWFO)的系数为负,并且都在 1% 的水平上显著。这表明中外合资 FDI 显著地提升了本国企业的生产率,而外商独资 FDI 显著地降低了本国企业生产率,二者呈现出相反的溢出效应。从影响的大小来看,合资 FDI 每增加一个标准差会引起本土企业生产率上升 1.92 个百分点,而独资 FDI 每增加一个标准差会引起本土企业生产率下降 7.99 个百分点。

表 7-3-1 基准回归结果——中外合资 FDI 与外商独资 FDI 对中国企业的溢出效应

变 量	(1) TFP	(2) TFP	(3) TFP	(4) VADPC	(5) Sale
$FDIJV_{t-1}$	0.343*** (0.089)	0.385*** (0.090)	0.399*** (0.090)	0.623*** (0.087)	0.424*** (0.069)
$FDIWFO_{t-1}$	−0.512*** (0.045)	−0.501*** (0.045)	−0.493*** (0.045)	−0.690*** (0.044)	−0.297*** (0.039)
Age		0.077*** (0.006)	0.077*** (0.006)	0.024*** (0.006)	0.114*** (0.005)
AgeSq		−0.016*** (0.002)	−0.016*** (0.002)	−0.013*** (0.002)	−0.021*** (0.001)
K/L_{t-1}		−0.012*** (0.001)	−0.012*** (0.001)	0.026*** (0.001)	−0.013*** (0.001)

续 表

变量	(1) TFP	(2) TFP	(3) TFP	(4) VADPC	(5) Sale
Statesh		−0.031*** (0.007)	−0.032*** (0.007)	−0.081*** (0.007)	−0.020*** (0.006)
Concentration$_{t-1}$			−0.354*** (0.083)	−0.140* (0.079)	−0.492*** (0.068)
观测值数	1003614	994674	994674	994680	1084864
R^2	0.083	0.084	0.084	0.104	0.182

（注：[1]—[3]列的被解释变量采用李文森等人[Levinsohn et al.，2003]半参数法计算的全要素生产率；第[4]列被解释变量是人均工业增加值[log]；第[5]列被解释变量是企业销售额[log]；所有回归都控制了企业和时间固定效应；括号内为标准误差[standard error]，*、** 和 *** 分布表示在 10%、5%和 1%水平上显著，下同。）

本节为进一步检验结果的稳健性，在第（4）列将被解释变量替换成人均工业增加值来度量生产率，结果与第（1）—（3）列相似，合资 FDI 对本国企业的生产率具有显著的正面影响，独资 FDI 则显著降低了本国企业生产率。这一结果在不同的生产率度量方法下仍然保持一致，进一步证明了结果的稳定性。最后在第（5）列，检验合资 FDI 与独资 FDI 如何影响中国企业的销售，用企业的年度销售额（取自然对数）来度量企业生产率。经过分析，可以发现，中国企业的市场份额会随着在同一行业中合资 FDI 的增加而扩大，独资 FDI 则"挤占"了本土企业的市场份额。这一结果不仅从稳健性角度增强了实证结果的可信度，也在一定程度上体现出合资 FDI 与独资 FDI 影响本土企业生产率的市场份额机制（Aitken et al.，1999）。

合资 FDI 对本土企业生产率带来正面的净溢出效应，而独资 FDI 产生相反的影响，这说明外资所有权结构是影响 FDI 溢出效应的重要因素。

(二) 稳健性检验

本节对基准回归进行一系列稳健性检验。首先,根据FDI的来源地将外商投资分为中国港澳台地区和非中国港澳台地区FDI。[①]因为,中国港澳台地区投资企业大多属于劳动密集型行业,并且产品与中国大陆(内地)企业比较接近,可替代性较强,并且与中国大陆(内地)企业更多的是市场竞争关系(Lin et al., 2009);[②]另外,与欧美等OECD国家的企业相比,中国港澳台地区企业在技术、管理、品牌等方面的优势并不明显,所以当这些企业通过合资形式进入后,它们可能无法提供太多的技术、管理溢出。这里将来自中国港澳台地区的合资FDI和独资FDI加入模型(1),可以预期,中国港澳台地区合资FDI的技术溢出更小。表7-3-2的第(1)列报告了这一结果,被解释变量仍然是半参数方法计算的TFP。分析发现,非中国港澳台地区合资FDI的技术溢出效应要显著大于中国港澳台地区合资FDI的溢出效应,二者差异在5%的水平上显著,并且从中国港澳台地区独资FDI的系数上可以看出中国港澳台地区独资FDI的竞争效应更强,说明FDI来源地的技术水平可能是影响技术溢出效应的重要因素。这一结果与直觉相符。

其次,合资企业内部的所有权结构也各有差异,合资企业可分为外资控股(外资持股比例超过50%)和内资控股(外资持股比例介于25%和50%),这种所有权结构上的差异可能会影响技术转移程度。如果是外资控股的合资企业,国外投资人会更加关心公司的发展前景,相比内资控股的合资企业,外资控股的合资企业可能更有动力和激励将技术转移到合

[①] 中国港澳台地区之外的FDI主要来自OECD国家。
[②] 中国港澳台地区企业大部分从事纺织业、鞋业和电子制造业等劳动密集型行业。

资企业中,从而产生更明显的正面溢出效应。而内资控股可能会影响外资技术转移的积极性,从而溢出效应的程度也很有限(Blomstrom et al.,1999)。本节为了检验结论是否受合资控股情况而发生变化,在表7-3-2的第(2)列中将合资FDI分为内资控股的FDI(FDIJVMIN)和外商控股的FDI(FDIWFOMAJ),发现独资FDI在行业中仍表现为负溢出效应,而两种类型的合资FDI都表现为正向溢出效应,外资控股FDI变量的系数要稍大于内资控股的FDI变量的系数,这说明外商控股的FDI的确产生了更多技术溢出效应。

表7-3-2 稳健性检验

被解释变量: TFP	(1) FDI来源地	(2) 外资控股情况	(3) 平衡面板回归
$FDIJV_{t-1}$	0.472*** (5.157)		1.127*** (0.199)
$FDIWFO_{t-1}$	−0.310*** (−7.996)	−0.506*** (0.045)	−0.484*** (0.092)
$FDIJVHMT_{t-1}$	0.233** (2.481)		
$FDIWFOHMT_{t-1}$	−0.697*** (−17.973)		
$FDIJVMIN_{t-1}$		0.424** (0.186)	
$FDIWFOMAJ_{t-1}$		0.488*** (0.133)	
Age	0.076*** (16.480)	0.077*** (0.006)	0.029 (0.019)
AgeSq	−0.016*** (−13.241)	−0.016*** (0.002)	−0.004 (0.004)

续 表

被解释变量：TFP	(1) FDI 来源地	(2) 外资控股情况	(3) 平衡面板回归
K/L_{t-1}	−0.012*** (−11.295)	−0.012*** (0.001)	−0.010*** (0.004)
Statesh	−0.030*** (−5.771)	−0.032*** (0.007)	0.007 (0.014)
Concentration$_{t-1}$	−0.353*** (−6.238)	−0.347*** (0.083)	−0.161 (0.165)
Comparison	FDIJV$_{t-1}$ = FDIJVHMT$_{t-1}$		
p-value	0.051		
观测值数	990637	994674	145272
R^2	0.084	0.084	0.149

（注：第[1]列将 FDI 分为来自中国港澳台地区和非中国港澳台地区的 FDI；第[2]列是将基准回归中合资 FDI 分为内资控股 FDI 与外资控股 FDI 的结果；第[3]列是平衡面板子样本回归结果；所有回归都控制了企业和时间固定效应。）

最后，本节的数据是非平衡面板数据，样本中的企业可能会在研究期间内进入和退出。为检验结果是否受到企业进入、退出导致的潜在样本选择问题所驱动，在第(3)列对从样本初期到末期都存续的企业构成的子样本进行回归，发现独资 FDI 仍然带来竞争效应，而合资 FDI 带来学习效应。这进一步验证了结果的稳健性。

(三) 拓展分析："市场换技术"促进技术溢出的条件

现有文献发现 FDI 技术溢出的方向和大小受到各种条件的影响。本节将进一步探讨中外合资对中国企业技术溢出的影响因素，并识别中外合资产生技术溢出所需要的市场条件。具体地,将考虑行业层面因素(行业技术差距、行业市场集中程度)、企业层面因素(学习吸收能力、融资约束),并考察合资 FDI 对民营企业与国有企业是否产生不同的技术溢出效应。

1. 行业技术差距

国内企业与外资企业之间的技术差距是影响技术转移或溢出效应的重要因素,但学术界对于技术差距是否有利于技术转移尚未定论(Kokko,1994)。目前学术界围绕这一研究主要有两类观点:技术差距适中论(appropriateness)认为如果外资带来的技术和产品工艺过于先进,本土企业难以模仿或采纳,因此行业技术差距与溢出效应负相关(Lapan et al.,1973);技术差距必要论(necessity)认为溢出效应发生的前提条件是技术差距,技术差距变大反而会使当地企业拥有学习的空间,因此技术差距会引起更多的技术转移(Wang et al.,1992)。本节检验合资 FDI 与独资 FDI 是否会随行业技术差距的变化而对中国企业产生不同的技术溢出效应。通过在回归方程中加入合资 FDI、独资 FDI 与技术差距指标的交互项来进行这一检验。

采用科克(Kokko,1994)的方法,利用外资与内资企业在各行业的人均工业增加值的比率来度量各行业外资企业与内资企业之间的技术差距,比值越大,说明外资企业的技术越先进、与内资企业的技术差距越大。利用样本前三年(即 1998—2000 年)的行业平均人均工业增加值数据,分别构造中外合资企业与内资企业在各行业的技术差距以及外商独资企业与内资企业在各行业的技术差距。① 变量的构造方法如(4)中所示,其中

---

① 衡量行业技术差距时采用样本前三年平均行业人均工业增加值是因为 FDI 进入中国会影响本土企业的生产率从而影响技术差距,本节将采用文献中经常使用的样本初始条件以减少估计偏差。

j 代表 4 位数行业,分子中的 f 表示合资企业或独资企业,分母中的 d 表示内资企业:

$$\text{TechGap}_j = \frac{\sum_{f\in\Omega}\text{valueadded}_{fj} / \sum_{f\in\Omega}\text{Labor}_{fj}}{\sum_{d\in\Omega}\text{valueadded}_{dj} / \sum_{d\in\Omega}\text{Labor}_{dj}} \qquad (4)$$

表 7-3-3 第(1)列报告了回归结果。可以发现,在考虑技术差距后,总体上合资 FDI 与独资 FDI 仍然分别带来正向和负向溢出效应。而合资 FDI 在技术差距更大的行业对本土企业的溢出效应更多,独资 FDI 的竞争效应并没有随技术差距而发生显著改变。这一结果表明,在讨论技术差距对 FDI 溢出效应的影响时,需要考虑 FDI 的进入形式。

2. 行业集中程度

行业集中度也是影响 FDI 溢出效应的重要因素(Kokko,1994;Javorcik et al.,2008)。在行业集中度较高的环境中,劳动力与产量往往集中在个别规模较大的企业中,这种集中现象可能限制了技术转移的空间和范围,进而减少了溢出效应的可能性。这一点无论对合资 FDI 还是独资 FDI 均成立。

使用赫芬达尔指数来度量行业的集中度,指数越大说明行业集中度越高,即行业竞争程度越弱。类似地,由于外资进入也会影响行业竞争程度,本节在构造交互项时使用样本前三年行业的平均集中程度,以减少估计误差。表 7-3-3 的第(2)列中报告了实证结果。从中可以发现,合资 FDI 与独资 FDI 的系数依然和基准回归保持一致,合资 FDI 带来学习效应,独资 FDI 带来竞争效应。但是从交互项的符号来看,合资 FDI 的学习效应随着集中度的增加而减弱;独资 FDI 的竞争效应随着集中度的增加而没有发生显著变化。这一结果表明,加强行业竞争对于更好地获得合资 FDI 带来的学习效应至关重要。

3. 本土企业的学习吸收能力

东道国企业的学习吸收能力在获取 FDI 溢出效应过程中起到关键的作用。东道国企业只有具备足够学习吸收能力,才能够评估、识别进而吸收外国企业所带来的先进技术和管理知识。根据相关文献,利用企业自身的研发行为来度量企业的学习吸收能力。事实上,已有文献研究发现投资于研发的企业在获取和利用外部技术信息方面具有更强的能力(Aghion et al., 2015),能更有效地学习先进技术(Hu et al., 2005)。这些研究都说明了研发对企业学习吸收能力的重要性。

本节利用企业 2001 年是否有研发支出作为吸收能力的代理变量①,并与 FDI 变量构造交互项。表 7-3-3 的第(3)列报告了分析结果。研发支出虚拟变量与合资 FDI 的交互项系数显著为正,这说明学习吸收能力强的本土企业能够获得更多的技术溢出效应,从而更快地提升生产率;而研发虚拟变量与独资 FDI 的交互项系数不显著,这说明本土企业的学习能力对于减少独资 FDI 的竞争效应没有显著影响。

4. 企业融资约束

企业依赖外部资金的主要原因在于,生产活动通常发生在销售之前,当企业的内部的现金流不能满足企业的生产相关的资金支出时,企业需要外部融资(Manova et al., 2016)。在产品销售之前,企业需要先行投入大量的固定成本,如机器设备等资本品的购置、研发活动、产品设计、广告投放等,外部融资能力对于企业的生产活动是否可以正常进行具有重要影响。本节通过构建企业层面的融资约束指标,分析融资约束对技术溢

---

① 类似地,本节使用 2001 年的研发支出信息作为吸收能力的代理变量是因为 2001 年以后的企业研发行为可能会受到外资政策调整的影响。使用 2001 年的企业研发信息会减少估计偏差。另外,由于 2001 年之后有大量的企业进入和样本退出,因此用 2001 年的企业研发变量导致样本观测值减至 524281 个。

出效应的影响。预期当内资企业受制于融资约束时,其获得技术溢出效应的可能性将大大减小。融资约束是用流动资产减去流动负债的差值与企业总资产的比率来表示,这一指标可以近似反映企业内部资金流动性的情况。①当这一比率越大时,企业的外部融资能力越强;反之,如果这一比率越小,则企业外部的融资能力越弱,将融资约束与 FDI 变量进行交互,回归后得到如下结果,在第(4)列中发现融资约束程度越小或财务状况越好的企业受到的技术溢出效应更大,尽管独资 FDI 仍然表现出负面的溢出效应,但对于财务状况较好的内资企业来说,这种效应可以有效缓解。因此,内资企业更有能力参与独资企业的竞争。这一结果证实了融资约束对于内资企业获得技术溢出的关键作用。本节为了说明结果的稳健性,将所有的交互项加入同一模型,发现所有系数的符号与前文基本保持一致。

5. FDI 对不同所有制类型企业的溢出效应

对于不同所有制类型的内资企业,中外合资和外商独资的溢出效应是否有所差异?将内资企业分为国企和民营企业,并检验两种类型的 FDI 对生产率的影响是否有所不同。表 7-3-3 的第(6)列和第(7)列分别报告了 FDI 对民营企业和国有企业 TFP 的影响。从中可以发现,中外合资 FDI 对民营企业的技术溢出效应更大,而对国有企业技术溢出不显著,外商独资 FDI 竞争效应对国企造成的冲击更大。以上结果说明,中外合资与外商独资 FDI 对不同所有制类型企业的技术溢出具有根本性的差异,这可能与两种类型企业的不同激励机制有关。

---

① 马诺瓦等人(Manova et al., 2016)采用了这一指标近似反映融资约束企业内部的资金流动性状况。

表7-3-3 拓展分析

变量	(1)	(2)	(3)	(4)	(5)	(6)	(7)
被解释变量：TFP	技术差距	行业竞争	企业技术吸收能力	企业信贷约束状况	(1)—(4)完整回归	民营企业	国有企业
$FDIJV_{t-1}$	0.048 (0.160)	0.530*** (0.106)	0.316** (0.124)	0.228** (0.090)	−0.229 (0.208)	0.509*** (0.093)	0.366 (0.301)
$FDIWFO_{t-1}$	−0.520*** (0.058)	−0.473*** (0.051)	−0.564*** (0.059)	−0.489*** (0.045)	−0.561*** (0.077)	−0.485*** (0.047)	−0.685*** (0.148)
$FDIJV_{t-1}$ * TechGapJV	0.184*** (0.065)				0.270*** (0.081)		
$FDIWFO_{t-1}$ * TechGapWFO	0.021 (0.020)				0.014 (0.023)		
$FDIJV_{t-1}$ * Concentration		−2.457** (0.999)			−2.994** (1.461)		
$FDIWFO_{t-1}$ * Concentration		−0.393 (0.518)			−0.407 (0.910)		
$FDIJV_{t-1}$ * R&D2001			0.692** (0.277)		0.627** (0.279)		
$FDIWFO_{t-1}$ * R&D2001			0.124 (0.102)		0.122 (0.102)		
$FDIJV_{t-1}$ * Liq				3.022*** (0.133)	3.285*** (0.170)		
$FDIWFO_{t-1}$ * Liq				0.068* (0.039)	0.113* (0.060)		
Age	0.078*** (0.006)	0.077*** (0.006)	0.037*** (0.009)	0.076*** (0.006)	0.038*** (0.009)	0.074*** (0.006)	−0.040 (0.031)
AgeSq	−0.016*** (0.002)	−0.016*** (0.002)	−0.006*** (0.002)	−0.016*** (0.002)	−0.006*** (0.002)	−0.015*** (0.002)	0.007 (0.007)
K/L_{t-1}	−0.012*** (0.001)	−0.012*** (0.001)	−0.014*** (0.002)	−0.013*** (0.001)	−0.015*** (0.002)	−0.011*** (0.001)	−0.018*** (0.005)

续 表

变量	(1)	(2)	(3)	(4)	(5)	(6)	(7)
被解释变量：TFP	技术差距	行业竞争	企业技术吸收能力	企业信贷约束状况	(1)—(4)完整回归	民营企业	国有企业
Statesh	−0.032*** (0.007)	−0.032*** (0.007)	−0.031*** (0.008)	−0.032*** (0.007)	−0.031*** (0.008)	0.020* (0.011)	−0.086*** (0.012)
Concentration$_{t-1}$	−0.449*** (0.085)	−0.355*** (0.083)	−0.392*** (0.096)	−0.353*** (0.083)	−0.465*** (0.099)	−0.364*** (0.087)	−0.264 (0.216)
观测值数	989478	994673	524281	994640	521561	878842	116571
R^2	0.084	0.084	0.079	0.087	0.083	0.096	0.022

（注：第[1]—[2]列是行业层面交互项的分析结果，第[1]列检验行业技术差距对溢出效应影响；第[2]列检验行业集中度对溢出效应影响；第[3]—[4]列检验企业层面变量对溢出效应，其中第[3]列检验企业技术吸收能力对溢出效应影响，第[4]列检验企业融资约束对溢出效应影响；第[5]列将前[4]列的交互项加入同一个模型；第[6]列和第[7]列将样本分为民营企业和国有企业两个子样本。所有回归都控制了企业和时间固定效应。）

（四）内生性

本节为了证实 FDI 变量与内资企业的生产率具有因果关系，选择使用两阶段最小二乘回归方法对模型(1)进行估计。对于同一个行业而言，外资企业的进入模式可能不具有随机性，或者说外资企业的行业进入决策和股权结构选择可能与中国企业的竞争力相关。即使本节在基准回归固定效应模型中对解释变量做滞后一期处理，仍需要对内生性问题进行更加细致的检验。

本节对工具变量的构造采用了陆等人(Lu et al., 2017)的方法，将中国 2001 年加入 WTO 时中国政府对外商直接投资政策的改革看作一次自然试验(Bloom et al., 2016；Liu et al., 2016)。具体地，对比 2002 年和 1997 年政府颁布的《外商投资产业指导目录》中各个行业或产品在外资鼓励程度和股权限制规则的变化。对于外资进入鼓励程度来说,首先根据鼓励程度的不同对不同类别的行业进行赋值,当行业或产品属于鼓励类,赋值为4,允许类(未列入目录的行业为允许类)赋值为3,限制类赋值为2,禁止类赋值为1;然后用2002年各行业的赋值减去相应的1997年各行业的赋值,得到的差值越大,行业的开放程度越高。这个是基于第一个工具变量EntryLib的构造。第二个工具变量EquityLib的构造是基于各个行业或产品在股权规制的变化,方法是在行业中存在至少一个产品不允许由外商独资企业生产(或者必须由中方控股),赋值为1,然后用1997年各行业的赋值减去相应的2002年各行业的赋值,当差值为1时,则表示该行业对外资的股权规制放开程度扩大。

表7-3-4报告了两阶段最小二乘方法的回归结果。第一阶段的回归结果显示,2002年后股权限制放开程度上升的行业降低了中外合资的比例,并扩大了外商独资比例;而外资鼓励程度加大对中外合资和外商独资的流入均有促进作用,结果符合直觉。第二阶段的工具变量回归结果显示中外合资促进了中国企业生产率的提高,而外商独资降低了中国企业生产率,再次证实基准回归中OLS回归的结果,并且本节的工具变量通过了各类检验,说明工具变量回归结果是可靠的。

表7-3-4 内生性

变量 VARIABLES	(1) $FDIJV_{t-1}$	(2) $FDIWFO_{t-1}$	(3) TFP
$(EquityLib \times Post02)_{t-1}$	-0.007*** (0.001)	0.020*** (0.008)	
$(EntryLib \times Post02)_{t-1}$	0.004*** (0.001)	0.026*** (0.002)	

续　表

变　量 VARIABLES	(1) FDIJV$_{t-1}$	(2) FDIWFO$_{t-1}$	(3) TFP
FDIJV$_{t-1}$			5.327*** (1.667)
FDIWFO$_{t-1}$			−0.761*** (0.268)
Observations	994357	994357	994357
R^2	0.031	0.492	0.076

Underidentification test（识别不足检验）(Kleibergen-Paap rk LM statistic)　1083.704

Weak-instrument-robust inference（稳健弱识别推断）(Anderson-Rubin Wald test)　Chi-sq(2)=10.58　p=0.0050

Weak identification test（弱识别检验）(Kleibergen-Paap rk Wald F statistic)　655.867

（注：第[1]、[2]列是第一阶段回归,第[3]列是第二阶段回归。所有回归都控制了企业和行业层面的控制变量以及企业和时间固定效应。）

四、本章小结

外商直接投资在中国经济增长中发挥了巨大的推动作用,在未来中国经济的持续增长中,如何更好地利用外资,将会是一个重要问题。同时,随着中国对外开放程度不断深化、中国与美国等国家的双边投资协定（BIT）谈判的不断推进,如何调整新一轮对外开放的外资政策是决策者所要面对的重要课题,其中关于外资所有权结构的规制,是我国外资政策的一个关键部分。本章从外资所有权结构出发,将外商直接投资分为中外合资FDI和外商独资FDI,研究中外合资FDI与外商独资FDI对中国企业的溢出效应。中外合资FDI与外商独资FDI对内资企业产生不同的溢出效应,合资FDI带来正向的学习效应,而独资FDI带来负向的竞争效应。合资FDI与独资FDI的不同溢出效应受到行业层面因素(行业技术差距、行业市场集中程度)和企业层面因素(技术吸收能力、融资约束)的影响,同时合资FDI与独资FDI对民营企业与国有企业分别有不同影响。

从政策层面来说,为了更好地获取FDI对本国企业的正面影响,本章具有以下含义,第一,是通过外资股权结构规制和适当的经济刺激、鼓励政策,创造有利的条件来加强国内企业在外资企业中的参与程度,这样可以为企业提供平等的发展机会,并营造双赢的条件。第二,加强在我国相对落后的行业引进外资,在这些行业鼓励以中外合资的形式进行合作;同时,促进市场竞争,降低垄断程度,更好地为合资FDI的正面学习效应创造条件。第三,鼓励企业提升自身技术吸收能力,缓解企业融资约束。第四,加强国有企业的市场化改革,提高其应对外商融资FDI带来的竞争冲击的能力。

值得说明的是,尽管本章的结论很明确、稳健,但是在解读本章的结果时需要注意,本章仅仅从溢出效应的角度对合资FDI与独资FDI进行了比较,发现合资FDI比独资FDI更有利于带来正向溢出效应。但这并不意味着对FDI进行股权结构限制,就一定会给我国经济带来更高的总体福利效应,因为对FDI进行股权结构限制也有相应的成本,比如可能减少FDI的流入、给合资企业内部的经营造成更多的代理人问题等。这些问题留待进一步研究。

第八章 | 主要结论与政策启示

- 一、主要结论
- 二、政策启示与研究展望

第八章 | 主要结论与政策启示

本章主要从三个方面对外商直接投资和企业绩效之间的关系进行了探讨：第一，外资进入对中国企业的海外市场参与、海外市场选择和企业经营绩效的影响。第二，跨国公司的再投资行为与在华分支企业经营绩效之间的关系。第三，跨国公司的进入模式如何影响内资企业的生产率。其中前两点涉及技术和知识的跨境转移，接受资本的企业获得直接的技术溢出及跨国公司商业网络所带来的海外市场信息溢出。第四，技术和知识的跨所有权转移对中国的民营企业和国有企业来说至关重要。这关乎中国的民营企业、国有企业是否能从跨国公司那里学习并吸收技术和知识。

一、主 要 结 论

本书为外商直接投资如何促进国内企业融入全球经济提供了微观证据。在利用匹配和双重差分方法控制内生性的前提下发现，跨国公司的进入使得目标企业的贸易行为发生了显著的改变，其扩大了目标企业进出口市场的数目和进出口目的国（或地区）的地理距离，这是目标企业市场扩张的具体表现。其次，对跨国公司资本追加的生产率效应进行研究发现，跨国公司的资本追加有助于促进中国资本累积效应的形成，接受资本再投资的分支企业相比资本规模不变的企业，多个衡量企业绩效的指标显著提高，并具有更高的研发、员工培训支出及无形资产规模。从外资撤离的角度对外资技术溢出的可持续性问题进行探讨发现，当跨国母公司将资本从中国撤出时，目标企业经营绩效显著恶化，企业的出口、销售收入和全要素生产率显著降低，这说明外国资本撤离不利于企业经营绩效的持续提高，在华外资企业所有权优势依赖于外资的股权持有。从影响机制看，外资撤离伴随着无形资产规模的显著降低，研发和员工培训支出的显著减少，以及财务流动状况的恶化。

对于发展中国家而言，一个重要的问题是引进外资是否促进内资企业获得持续性的生产率增长。以上研究并没有涉及技术跨所有权转移的问题，也就是说，外资进入和外资再投资是跨国母公司向海外子公司转移资本和无形资产的过程，内资企业是否获得技术溢出仍不得而知。本书最后从跨国公司进入模式（即分支企业的所有权结构）如何影响私营企业和国有企业的生产率进行了探讨。研究结果显示，外资进入模式不同引起的所有权结构差异，是影响内资企业学习效果的重要因素，中外合资企业对内资企业表现为正向的技术溢出效应；而外商独资对内资企业表现为负向的竞争效应，整体而言不利于内资企业生产率的提高。本书利用中国加入 WTO 时的外资政策改革作为自然试验，构造工具变量，两阶段最小二乘方法的回归结果表明中外合资和外商独资的商业与国内企业生产率之间构成因果关系。需要说明的是，本书在此只讨论中外合资和外商独资对于第三方的影响，本书并没有讨论中外合资企业中，中方投资者是否获益于外国投资者的技术或其他无形资产。

二、政策启示与研究展望

（一）政策启示

本书的研究结果具有重要的政策意义。第一，在看待外商直接投资在中国经济增长中所扮演的角色时，应当突破资本、技术和创造就业层面的认识。本章认为外商直接投资所主导的商业网络，有利于促进东道国企业融入全球价值链，以及增加在华出口和进口企业数目，进而对优化国

第八章 | 主要结论与政策启示

内资源配置具有重要的作用。在引进外资和评估外资的作用时，将外资在华分支企业和跨国母公司作为一个整体，综合判断外国资本对中国经济的整体影响。因此，外商直接投资对于中国经济除了带来了资本、技术，还减缓了国内企业对于海外市场信息的不对称性。改革开放40多年以来，中国东部沿海地区引进外资比较成功，内陆和西部省份相对而言，仍有较大的增长空间。政府可以通过完善基础设施、鼓励与当地经济发展契合度高的跨国公司进入中、西部地区，进而促进当地企业融入全球经济发展。

第二，本书第六章结论显示，如果跨国公司选择将利润继续用于对分支企业的投资，分支企业往往具有更高的研发、员工培训支出和更高的无形资产规模，这凸显了鼓励跨国公司对在华分支企业资本追加的意义。由于研发和员工培训支出对于促进中国技术进步和人力资本的积累都有一定的促进作用，因此中国应继续循序渐进地放开部分行业的外资管制，鼓励外国企业扩大在华投资。

第三，在过去的40多年里，中国的"股比限制政策"为国内企业带来了学习机会，但同时应注意到，"股比限制政策"是国际经贸谈判的焦点，甚至会引发国家之间的贸易纠纷。事实上，随着中国经济发展的新阶段和中国企业竞争力不断增加，强制或鼓励组建合资企业是否还能够帮助国内企业获得技术溢出，是一个值得思考的问题。在中国企业和外资企业的技术差异逐步缩小的情况下，中国企业的学习空间随之减小，因此在现阶段放松对外资的股比限制，一方面可以鼓励外国投资者来华投资，另一方面可以促进市场竞争，更加有利于国内企业的技术进步。

（二）研究展望

首先，本书在判断外资并购、资本追加和外资撤离的时候，依赖于企业的登记注册信息、吸收外国资本和中国港澳台地区资本的共同变化。例如,当一个内资企业的登记注册类型从内资变为外资,与此同时,外国实收资本占总实收资本达到25%,认定为外资并购企业,这比较符合实际情况。但对于外资撤离而言,如果登记注册类型从外资变为内资,同时外资实收资本为0时,很难判断跨国母公司是否将资本撤离东道国,也许仅仅是母公司将资本从国内地区一迁移到国内地区二,属于不同区域的局部调整。当然,在没有母公司的资本调整信息的情况下,便无法判断这类情况。因此,如果有更加细化的数据,例如跨国母公司和在华分支企业的资本分布信息,则识别过程会更加合理和科学。

其次,关于外资进入模式如何影响中国经济的研究中,下一步可以从股比限制对中国整体福利的影响入手。一方面,中国的市场容量巨大,跨国公司若想在全球站稳脚跟,必定无法忽视中国市场,这说明即使股比政策在一些行业继续存在,跨国公司仍需将资本和技术带入中国,才能在市场竞争中存活下来。另一方面,需要看到的是,股比限制可能也会阻碍优质的跨国公司进入中国,进而降低产品种类和市场竞争,导致消费者的可选范围缩小,福利受到损失,因此股比政策对中国的综合影响是正是负,还有待进一步研究。

最后,随着中国外资市场准入的不断放开,部分行业的中外合资的外资方有资格成立新外商独资企业。然而,这些行业的跨国公司是否会这么做,以及影响中外合资转变(或拒绝转变)成外商独资的因素有哪些?转变后是否会获得绩效的提升?对国内企业生产率的影响如何?这些方向可以作为未来研究的课题,进一步深入探讨和挖掘其中的潜力和价值。通过不断的研究和实践,可以进一步完善和推进相关领域发展,为企业和社会进步做出更大的贡献。

参 考 文 献

1. 包群、邵敏:《外商投资与东道国工资差异:基于我国工业行业的经验研究》,《管理世界》2008年第5期。
2. 包群、邵敏:《外资进入与所有制约束下的劳动力价格差异》,《国际贸易问题》2009年第7期。
3. 陈颂、卢晨:《基于行业技术相似度的FDI技术溢出效应研究》,《国际贸易问题》2019年第1期。
4. 陈涛涛:《影响中国外商直接投资溢出效应的行业特征》,《中国社会科学》2003年第4期。
5. 陈勇兵、仉荣、曹亮:《中间品进口会促进企业生产率增长吗——基于中国企业微观数据的分析》,《财贸经济》2012年第3期。
6. 樊纲、王小鲁、张立文、朱恒鹏:《中国各地区市场化相对进程报告》,《经济研究》2003年第3期。
7. 樊娜娜:《外资进入与本土企业出口产品转换——基于多产品企业视角的研究》,《产业经济研究》2018年第3期。
8. 高凌云、易先忠:《外资并购对目标企业生存的影响》,《数量经济技术经济研究》2019年第4期。
9. 黄远浙、李鑫洋、王成岐:《外资对中国企业出口影响的二元边际经验分析》,《国际贸易问题》2017年第5期。
10. 蒋殿春、谢红军:《外资并购与目标企业生产率:对中国制造业数据的因果评估》,《世界经济》2018年第5期。
11. 蒋仁爱、贾维晗:《不同类型跨国技术溢出对中国专利产出的影响研究》,《数量经济技术经济研究》2019年第1期。
12. 赖明勇、包群、彭水军、张新:《外商直接投资与技术外溢:基于吸收能力的研究》,《经济研究》2005年第8期。
13. 李德刚、苑德宇:《FDI进入、技术溢出与城市基础设施绩效改进》,《国际贸易问题》2017 年第 1 期。

14. 李磊、蒋殿春、王小洁：《外资进入、性别就业差距与企业退出》，《世界经济》2018 年第 12 期。

15. 李平、卢霄：《外资自由化与中国制造业企业生产率》，《南开经济研究》2020 年第 4 期。

16. 李晓钟：《FDI 对我国纺织服装业技术溢出效应分析》，《财贸经济》2009 年第 7 期。

17. 李玉红、王皓、郑玉歆：《企业演化：中国工业生产率增长的重要途径》，《经济研究》2008 年第 6 期。

18. 简泽、张涛、伏玉林：《进口自由化、竞争与本土企业的全要素生产率——基于中国加入 WTO 的一个自然实验》，《经济研究》2014 年第 8 期。

19. 刘灿雷、康茂楠、邱立成：《外资进入与内资企业利润率：来自中国制造业企业的证据》，《世界经济》2018 年第 11 期。

20. 刘慧、綦建红：《"邻居"对中国企业出口生存的影响有多大——基于信息溢出的视角》，《财贸经济》2018 年第 8 期。

21. 刘青、张超、吕若思：《跨国公司在华溢出效应研究：人力资本的视角》，《数量经济技术经济研究》2013 年第 9 期。

22. 路江涌：《外商直接投资对内资企业效率的影响和渠道》，《经济研究》2008 年第 6 期。

23. 罗雨泽、罗来军：《外商直接投资在中国的空间外溢效应研究》，《数量经济技术经济研究》2007 年第 6 期。

24. 吕若思、刘青、黄灿、胡海燕、卢进勇：《外资在华并购是否改善目标企业经营绩效？——基于企业层面的实证研究》，《金融研究》2017 年第 11 期。

25. 毛其淋、王澍：《外资并购对中国企业产能利用率的影响》，《国际贸易问题》2022 年第 1 期。

26. 毛其淋、方森辉：《外资进入自由化如何影响中国制造业生产率》，《世界经济》2020 年第 1 期。

27. 毛其淋、许家云：《外资进入如何影响了本土企业出口国内附加值？》，《经济学（季刊）》2018 年第 4 期。

28. 毛其淋、盛斌:《贸易自由化、企业异质性与出口动态——来自中国微观企业数据的证据》,《管理世界》2013年第3期。

29. 聂辉华、江艇、杨汝岱:《中国工业企业数据库的使用现状和潜在问题》,《世界经济》2012年第5期。

30. 庞兰心、官建成、高峰:《国际技术知识溢出效应及其影响因素研究》,《管理评论》2019年第1期。

31. 平新乔、关晓静、邓永旭、李胤、梁爽、陈工文、章棋元、周艺艺:《外国直接投资对中国企业的溢出效应分析:来自中国第一次全国经济普查数据的报告》,《世界经济》2007年第8期。

32. 亓朋、许和连、艾洪山:《外商直接投资企业对内资企业的溢出效应:对中国制造业企业的实证研究》,《管理世界》2008年第4期。

33. 邱立成、于李娜:《跨国公司进入中国市场模式及影响因素分析》,《南开经济研究》2003年第4期。

34. 桑百川、钊阳:《中国利用外资的历史经验与前景展望》,《经济问题》2019年第3期。

35. 邵朝对、苏丹妮、王晨:《服务业开放、外资管制与企业创新:理论和中国经验》,《经济学(季刊)》2021年第4期。

36. 盛斌、毛其淋:《贸易自由化、企业成长和规模分布》,《世界经济》2015年第2期。

37. 盛斌、吕越:《外国直接投资对中国环境的影响——来自工业行业面板数据的实证研究》,《中国社会科学》2012年第5期。

38. 史宇鹏、何兴强、顾全林、邹光:《法律起源与外资进入模式:来自中国的经验》,《经济研究》2011年第12期。

39. 孙灵燕、崔喜君:《外商直接投资如何影响了民营企业的融资约束?——来自中国企业层面的证据》,《南方经济》2012年第1期。

40. 孙浦阳、侯欣裕、盛斌:《外资自由化与贸易福利提升:理论与经验研究》,《世界经济》2018年第3期。

41. 孙一平、盛月、岳宇萌:《外资并购会促进就业吗——基于中国制造业企业的分析》,《宏观经济研究》2014年第6期。

42. 汤湘希:《基于企业核心竞争力理论的无形资产经营问题研究》,《中国工业经济》2004年第1期。

43. 田巍、余淼杰:《中间品贸易自由化和企业研发:基于中国数据的经验分析》,《世界经济》2014年第6期。

44. 王志鹏、李子奈:《外资对中国工业企业生产效率的影响研究》,《管理世界》2003年第4期。

45. 王振国、牛猛、张亚斌:《中国出口实现功能升级了吗——纳入功能分工的新视角》,《国际贸易问题》2021年第6期。

46. 吴利学、叶素云、傅晓霞:《中国制造业生产率提升的来源:企业成长还是市场更替?》,《管理世界》2016年第6期。

47. 冼国明、崔喜君:《外商直接投资、国内不完全金融市场与民营企业的融资约束——基于企业面板数据的经验分析》,《世界经济研究》2010年第4期。

48. 谢建国:《市场竞争、东道国引资政策与跨国公司的技术转移》,《经济研究》2007年第6期。

49. 谢千里、罗斯基、张轶凡:《中国工业生产率的增长与收敛》,《经济学(季刊)》2008年第3期。

50. 薛婧、张梅青:《多渠道国际技术溢出对区域创新能力的空间效应研究》,《经济经纬》2019年第2期。

51. 薛求知、韩冰洁:《东道国腐败对跨国公司进入模式的影响研究》,《经济研究》2008年第4期。

52. 薛求知、罗来军:《技术引入和技术学习——外资企业与内资企业技术空间博弈》,《经济研究》2006年第9期。

53. 杨汝岱:《中国制造业企业全要素生产率研究》,《经济研究》2015年第2期。

54. 余淼杰:《中国的贸易自由化与制造业企业生产率》,《经济研究》2010年第12期。

55. 余淼杰:《加工贸易、企业生产率和关税减免——来自中国产品面的证据》,《经济学(季刊)》2011年第4期。

56. 俞萍萍、廖利兵:《外资并购会提高生产率吗?——基于中国制造业微观数据的检验》,《世界经济研究》2014年第9期。

57. 苑生龙：《透视部分外资撤离我国的现象》，《宏观经济管理》2017 年第 4 期。

58. 张杰、陈志远、刘元春：《中国出口国内附加值的测算与变化机制》，《经济研究》2013 年第 10 期。

59. 张鹏飞、陈凤兰：《外资并购促进了目标企业创新吗》，《国际贸易问题》2021 年第 11 期。

60. 张鹏杨、李雪、李柔：《外资引进与中国企业出口产品多样性消失》，《南京财经大学学报》2022 年第 5 期。

61. 张鹏杨、唐宜红：《FDI 如何提高我国出口企业国内附加值？——基于全球价值链升级的视角》，《数量经济技术经济研究》2018 年第 7 期。

62. 钟昌标：《外商直接投资地区间溢出效应研究》，《经济研究》2010 年第 1 期。

63. 周浩、罗昊：《外资所有权促进了中国企业的绩效吗》，《国际经贸探索》2019 年第 5 期。

64. 周康：《"邻居"的影响有多大——出口企业集聚与海外市场扩张》，《国际贸易问题》2015 年第 4 期。

65. Alan J. Auerbach, Kevin Hassett, "Taxation and foreign direct investment in the United States: a reconsideration of the evidence. In Studies in international taxation", *University of Chicago Press*, 1993, pp.119－148.

66. Albert G. Z. Hu, Gary H. Jefferson and Jinchang Qian, "R&D and Technology Transfer: Firm-Level Evidence from Chinese Industry", *The Review of Economics and Statistics*, Vol.87, No.4, 2005, pp.780－786.

67. Albert G. Z. Hu, Gary H. Jefferson, "FDI Impact and Spillover: Evidence from China's Electronic and Textile Industries", *The World Economy*, Vol.25, No.8, December 2002, pp.1063－1076.

68. Alberto Alesina, Giuseppe Nicoletti, Silvia Ardagna and Fabio Schiantarelli, "Regulation And Investment", *Journal of the European Economic Association*, Vol.3, No.4, June 2005, pp.791－825.

69. Andrei Zlate, "Offshore production and business cycle dynamics with heterogeneous firms", *Journal of International Economics*, Vol.100, pp.34－49.

70. Andrew B. Bernard, J. Bradford Jensen, "Exceptional exporter performance: cause, effect, or both?", *Journal of International Economics*, Vol. 47, No. 1, February 1999, pp. 1 – 25.

71. Andrew Kerner, Jane Lawrence, "What's the Risk? Bilateral Investment Treaties, Political Risk and Fixed Capital Accumulation", *British Journal of Political Science*, Vol. 44, No. 1, 2014, pp. 107 – 121.

72. Angela Cheptea, Charlotte Emlinger and Karine Latouche, "Multinational Retailers and Home Country Food Exports", *American Journal of Agricultural Economics*, Vol. 97, No. 4, July 2014, pp. 159 – 179.

73. Ariel Burstein, Alexander Monge-Naranjo, "Foreign Know-How, Firm Control, and the Income of Developing Countries", *The Quarterly Journal of Economics*, Vol. 124, No. 1, February 2009, pp. 149 – 195.

74. Ari Kokko, "Technology, market characteristics, and spillovers", *Journal of Development Economics*, Vol. 43, No. 2, 1994, pp. 279 – 293.

75. Beata Javorcik, Steven Poelhekke, "Former Foreign Affiliates: Cast Out and Outperformed?", *Journal of the European Economic Association*, Vol. 15, No. 3, 2017, pp. 501 – 539.

76. Beata Smarzynska Javorcik, Mariana Spatareanu, "Does it matter where you come from? Vertical spillovers from foreign direct investment and the origin of investors", *Journal of Development Economics*, Vol. 96, No. 1, 2011, pp. 126 – 138.

77. Beata Smarzynska Javorcik, Yue Li, "Do the biggest aisles serve a brighter future? Global retail chains and their implications for Romania", *Journal of International Economics*, Vol. 90, No. 2, 2013, pp. 348 – 363.

78. Beata Smarzynska Javorcik, "Does Foreign Direct Investment Increase the Productivity of Domestic Firms? In Search of Spillovers through Backward Linkages", *The American Economic Review*, Vol. 94, No. 3, 2004, pp. 605 – 627.

79. Beata Smarzynska Javorcik, Mariana Spatareanu, "To share or not to share: Does

local participation matter for spillovers from foreign direct investment?", *Journal of Development Economics*, Vol. 85, No. 1, 2008, pp. 194 - 217.

80. Bilgehan Karabay, "Foreign direct investment and host country policies: A rationale for using ownership restrictions", *Journal of Development Economics*, Vol. 93, No. 2, 2010, pp. 218 - 225.

81. Boyan Jovanovic, Peter L. Rousseau, "Mergers as Reallocation", *The Review of Economics and Statistics*, Vol. 90, No. 4, 2008, pp. 765 - 776.

82. Brian J. Aitken, Ann E. Harrison, "Do Domestic Firms Benefit from Direct Foreign Investment? Evidence from Venezuela", *The American Economic Review*, Vol. 89, No. 3, 1999, pp. 605 - 618.

83. Bronwyn H. Hall, Jacques Mairesse, "Exploring the relationship between R&D and productivity in French manufacturing firms", *Journal of Econometrics*, Vol. 65, No. 1, 1995, pp. 263 - 293.

84. Bruce Kogut, Nalin Kulatilaka, "Operating Flexibility, Global Manufacturing, and the Option Value of a Multinational Network", *Management Science*, Vol. 40, No. 1, 1994, pp. 123 - 139.

85. Chang-Tai Hsieh, Peter J. Klenow, "Misallocation and manufacturing TFP in china and india", *The Quarterly Journal of Economics*, Vol. 124, No. 4, 2009, pp. 1403 - 1448.

86. Costas Arkolakis, Natalia Ramondo, Andrés Rodríguez-Clare and Stephen Yeaple, "Innovation and Production in the Global Economy", *American Economic Review*, Vol. 108, No. 8, August 2018, pp. 2128 - 2173.

87. Daniel Garcia-Macia, Chang-Tai Hsieh and Peter J. Klenow, "How destructive is innovation?", *National Bureau of Economic Research Working Paper Series*, 2016, No. 22953.

88. Daphne Yiu, Shige Makino, "The Choice Between Joint Venture and Wholly Owned Subsidiary: An Institutional Perspective", *Organization Science*, Vol. 13, No. 6, 2002, pp. 667 - 683.

89. David Greenaway, Nuno Sousa and Katharine Wakelin, "Do domestic firms learn to export from multinationals?", *European Journal of Political Economy*, Vol.20, No.4, 2004, pp.1027-1043.

90. David S. Kaplan, Eduardo Piedra and Enrique Seira, "Entry regulation and business start-ups: Evidence from Mexico", *Journal of Public Economics*, Vol.95, No.11-12, 2007, pp.1501-1515.

91. Elhanan Helpman, Marc J. Melitz and Stephen R. Yeaple, "Export versus FDI with Heterogeneous Firms", *American Economic Review*, Vol.94, No.1, 2004, pp.300-316.

92. Elhanan Helpman, "Trade, FDI, and the Organization of Firms", *Journal of Economic Literature*, Vol.44, No.3, 2006, pp.589-630.

93. Ellen R. McGrattan, Edward C. Prescott, "Openness, technology capital, and development", *Journal of Economic Theory*, Vol.144, No.6, 2009, pp.2454-2476.

94. Evis Sinani, Klaus E. Meyer, "Spillovers of technology transfer from FDI: the case of Estonia", *Journal of Comparative Economics*, Vol.32, No.3, 2004, pp.445-466.

95. Fariha Kamal, Asha Sundaram, "Buyer-seller relationships in international trade: Do your neighbors matter?", *Journal of International Economics*, Vol.102, 2016, pp.128-140.

96. Gene M. Grossman, Elhanan Helpman, "Outsourcing Versus FDI in Industry Equilibrium", *Journal of the European Economic Association*, Vol.1, No.2, 2003, pp.317-327.

97. George F. Kopits, "Dividend Remittance Behavior within the International Firm: A Cross-Country Analysis", *The Review of Economics and Statistics*, Vol.54, No.3, 1972, pp.339-342.

98. G. Steven Olley, Ariel Pakes, "The Dynamics of Productivity in the Telecommunications Equipment Industry", *Econometrica*, Vol.64, No.6,

November 1996, pp.1263 – 1297.

99. Gunnar Fors, "Locating R&D abroad: the role of adaptation and knowledge-seeking", *The geography of multinational firms*, Springer, Boston, MA, 1998, pp.117 – 134.

100. Guy L. F. Holburn, Bennet A. Zelner, "Political capabilities, policyrisk, and international investment strategy: evidence from the global electric power generation industry", *Strategic Management Journal*, Vol.31, No.12, 2010, pp.1290 – 1315.

101. Harvey Lapan, Pranab Bardhan, "Localized technical progress and transfer of technology and economic development", *Journal of Economic Theory*, Vol.6, No.6, December 1973, pp.585 – 595.

102. Hiau Looi Kee, Heiwai Tang, "Domestic Value Added in Exports: Theory and Firm Evidence from China", *American Economic Review*, Vol.106, No.6, 2016, pp.1402 – 1436.

103. Holger Breinlich, "Trade liberalization and industrial restructuring through mergers and acquisitions", *Journal of International Economics*, Vol.76, No.2, December 2008, pp.254 – 266.

104. Hongbin Cai, Qiao Liu, "Competition and corporate tax avoidance: Evidence from Chinese industrial firms", *The Economic Journal*, Vol.119, No.537, April 2009, pp.764 – 795.

105. Jaehan Cho, "Knowledge transfer to foreign affiliates of multinationals through expatriation", *Journal of International Economics*, Vol.11, No.31, July 2018, pp.106 – 117.

106. James A. Schmitz Jr, "What determines productivity? Lessons from the dramatic recovery of the US and canadian iron ore industries following their early 1980s crisis", *Journal of Political Economy*, Vol.113, No.3, 2005, pp.582 – 625.

107. James E. Rauch, Vitor Trindade, "Information, International Substitutability, and Globalization", *The American Economic Review*, Vol.93, No.3, 2003,

pp.775-791.

108. James Levinsohn, Amil Petrin, "Estimating Production Functions Using Inputs to Control for Unobservables", *The Review of Economic Studies*, Vol.70, No.2, 2003, pp.317-341.

109. James R. Markusen, "Trade versus Investment Liberalization", *National Bureau of Economic Research Working Paper Series*, No.6231, 1997.

110. Jasjit Singh, Ajay K. Agrawal, "Recruiting for Ideas: How Firms Exploit the Prior Inventions of New Hires", *Management Science*, Vol.57, No.1, 2011, pp.129-150.

111. Javier Cravino, Andrei A. Levchenko, "Multinational Firms and International Business Cycle Transmission", *The Quarterly Journal of Economics*, Vol.132, No.2, 2016, pp.921-962.

112. Jean-François Hennart, "The Transaction Costs Theory of Joint Ventures: An Empirical Study of Japanese Subsidiaries in the United States", *Management Science*, Vol.37, No.4, 1997, pp.483-497.

113. Jeffrey R. Campbell, Hugo A. Hopenhayn, "Market Size Matters", *Journal of Industrial Economics*, Vol.53, No.1, March 2005, pp.1-25.

114. Jens Matthias Arnold, Beata Smarzynska Javorcik, "Gifted kids or pushy parents? Foreign direct investment and plant productivity in Indonesia", *Journal of International Economics*, Vol.79, No.1, September 2009, pp.42-53.

115. Jérôme Héricourt, Sandra Poncet, "FDI and credit constraints: Firm-level evidence from China", *Economic Systems*, Vol.33, No.1, 2009, pp.1-21.

116. Jian-Ye Wang, Magnus Blomström, "Foreign investment and technology transfer: A simple model", *European Economic Review*, Vol.36, No.1, 1992, pp.137-155.

117. John R. Baldwin, Wulong Gu, "Export-market participation and productivity performance in Canadian manufacturing", *The Canadian Journal of Economics*, Vol.36, No.3, August 2003, pp.634-657.

参 考 文 献

118. Jonathan E. Haskel, Sonia C. Pereira and Matthew J. Slaughter, "Does Inward Foreign Direct Investment Boost the Productivity of Domestic Firms?", *The Review of Economics and Statistics*, Vol.89, No.3, August 2007, pp.482 - 496.
119. Jozef Konings, "The effects of foreign direct investment on domestic firms", *Economics of Transition and Institutional Change*, Vol.9, No.3, 2001, pp.619 - 633.
120. Kalina Manova, "Credit constraints, heterogeneous firms, and international trade", *The Review of Economic Studies*, Vol.80, No.2, 2013, pp.711 - 744.
121. Kalina Manova, Shang-Jin Wei and Zhiwei Zhang, "Firm Exports and Multinational Activity Under Credit Constraints", *The Review of Economics and Statistics*, Vol.97, No.3, 2015, pp.574 - 588.
122. Kalina Manova, Zhihong Yu, "How firms export: Processing vs. ordinary trade with financial frictions", *Journal of International Economics*, Vol.100, 2016, pp.120 - 137.
123. Keith Head, Ran Jing and Deborah L. Swenson, "From Beijing to Bentonville: Do multinational retailers link markets?", *Journal of Development Economics*, Vol.11, No.7, 2014, pp.79 - 92.
124. Kevin Honglin Zhang, Shunfeng Song, "Promoting exports: the role of inward FDI in China", *China Economic Review*, Vol.11, No.4, 2001, pp.385 - 396.
125. King, G., Nielsen, R., "Why propensity scores should not be used for matching", *Political analysis*, Vol.27, No.4, 2019, pp.435 - 454.
126. Kosuke Imai, Gary King and Clayton Nall, "The Essential Role of Pair Matching in Cluster-Randomized Experiments, with Application to the Mexican Universal Health Insurance Evaluation", *Statistical Science*, Vol.24, No.1, 2009, pp.29 - 53.
127. Kui-yin CHEUNG, Ping LIN, "Spillover effects of FDI on innovation in China: Evidence from the provincial data", *China Economic Review*, Vol.15, No.1, 2004, pp.25 - 44.

128. K. V. Ramaswamy, "Productivity Growth, Protection and Plant Entry in a Deregulating Economy: The Case of India", *Small Business Economics*, Vol. 13, 1999, pp. 131 – 139.

129. Laura Alfaro, Anusha Chari, "Does Liberalization Promote Competition?", *Working Papers*, 2010.

130. Laura Alfaro, Areendam Chanda, Sebnem Kalemli-Ozcan and Selin Sayek, "FDI and economic growth: the role of local financial markets", *Journal of International Economics*, Vol. 64, No. 1, October 2004, pp. 89 – 112.

131. Lawrence Lau, "China's Twin Circulations", China & US Focus, Oct. 12, 2020, https://www.chinausfocus.com/finance-economy/chinas-twin-circulations.

132. Lee Branstetter, "Is foreign direct investment a channel of knowledge spillovers? Evidence from Japan's FDI in the United States", *Journal of International Economics*, Vol. 68, No. 2, March 2006, pp. 325 – 344.

133. Levon Barseghyan, "Entry Costs and Cross-Country Differences in Productivity and Output", *Journal of Economic Growth*, Vol. 13, No. 2, 2008, pp. 145 – 167.

134. Loren Brandt, Johannes Van Biesebroeck, Luhang Wang, and Yifan Zhang, "WTO accession and performance of Chinese manufacturing firms", *American Economic Review*, Vol. 107, No. 9, September 2017, pp. 2784 – 2820.

135. Loren Brandt, Johannes Van Biesebroeck and Yifan Zhang, "Creative accounting or creative destruction? Firm-level productivity growth in Chinese manufacturing", *Journal of Development Economics*, Vol. 97, No. 2, March 2012, pp. 339 – 351.

136. Lorraine Dearden, Howard Reed and John Van Reenen, "The Impact of Training on Productivity and Wages: Evidence from British Panel Data", *Oxford Bulletin of Economics and Statistics*, Vol. 68, No. 4, August 2006, pp. 397 – 421.

137. Louis S. Jacobson, Robert J. LaLonde and Daniel G. Sullivan, "Earnings Losses of Displaced Workers", *The American Economic Review*, Vol. 83, No. 4, 1993, pp. 685 – 709.

138. Lucia Foster, John Haltiwanger and C. J. Krizan, "Aggregate productivity

growth: lessons from microeconomic evidence. In New developments in productivity analysis", University of Chicago Press, 2001, pp.303 - 372.

139. Lucia Foster, John Haltiwanger and C. J. Krizan, "Market selection, reallocation, and restructuring in the u. s. Retail trade sector in the 1990s", *The Review of Economics and Statistics*, Vol.88, No.4, 2006, pp.748 - 758.

140. Luigi Benfratello, Alessandro Sembenelli, "Foreign ownership and productivity: Is the direction of causality so obvious?", *International Journal of Industrial Organization*, Vol.24, No.4, July 2006, pp.733 - 751.

141. Magnus Blomström, Fredrik Sjöholm, "Technology transfer and spillovers: Does local participation with multinationals matter?", *European Economic Review*, Vol.43, No.4, April 1999, pp.915 - 923.

142. Mahmut Yasar, Catherine J. Morrison Paul, "International linkages and productivity at the plant level: Foreign direct investment, exports, imports and licensing", *Journal of International Economics*, Vol.71, No.2, 2007, pp.373 - 388.

143. Marc J. Melitz, Sašo Polanec, "Dynamic Olley-Pakes productivity decomposition with entry and exit", *The Rand Journal of Economics*, Vol.46, No.2, 2015, pp.362 - 375.

144. Marc J. Melitz, "The Impact of Trade on Intra-Industry Reallocations and Aggregate Industry Productivity", *Econometrica*, Vol.71, No.6, 2003, pp.1695 - 1725.

145. Martin J. Conyon, Sourafel Girma, Steve Thompson and Peter W. Wright, "The Productivity and Wage Effects of Foreign Acquisition in the United Kingdom", *The Journal of Industrial Economics*, Vol.50, No.1, March 2002, pp.85 - 102.

146. Martin Neil Baily, Charles Hulten and David Campbell, Timothy Bresnahan, and Richard E. Caves, "Productivity dynamics in manufacturing plants", *Brookings Papers on Economic Activity. Microeconomics*, Vol.11, No.5, 1992, pp.187 - 267.

147. Miaojie Yu, "Processing Trade, Tariff Reductions and Firm Productivity: Evidence from Chinese Firms", *The Economic Journal*, Vol.125, No.585, 2015, pp.943 - 988.

148. Natalia Ramondo, Andrés Rodríguez-Clare, "Trade, Multinational Production, and the Gains from Openness", *Journal of Political Economy*, Vol.121, No.2, 2013, pp.273 - 322.

149. Natalia Ramondo, "A quantitative app.roach to multinational production", *Journal of International Economics*, Vol.93, No.1, 2014, pp.108 - 122.

150. Nicholas Bloom, Mirko Draca and John Van Reenen, "Trade Induced Technical Change? The Impact of Chinese Imports on Innovation, IT and Productivity", *The Review of Economic Studies*, Vol.83, No.1, January 2016, pp.87 - 117.

151. Norman V. Loayza, Ana María Oviedo and Luis Servén, "The Impact of Regulation on Growth and Informality Cross-Country Evidence", *Policy Research Working Paper*, 2005, pp.121 - 145.

152. Olivier Bertrand, Katariina Nilsson Hakkala, Pehr-Johan Norbäck and Lars Persson, "Should countries block foreign takeovers of R&D champions and promote greenfield entry?", *Canadian Journal of Economics/Revue canadienne d'économique*, Vol.45, No.3, August 2012, pp.1083 - 1124.

153. Olivier Blanchard, Francesco Giavazzi, "Macroeconomic Effects of Regulation and Deregulation in Goods and Labor Markets", *Quarterly Journal of Economics*, Vol.118, No.3, August 2003, pp.879 - 907.

154. Orley C. Ashenfelter, Daniel Hosken and Matthew C. Weinberg, "Did Robert Bork Understate the Competitive Impact of Mergers? Evidence from Consummated Mergers", *The Journal of Law & Economics*, Vol.57, No.53, August 2014, pp.67 - 100.

155. Paul M. Romer, "Increasing Returns and Long-Run Growth", *Journal of Political Economy*, Vol.94, No.5, 1986, pp.1002 - 1037.

156. Pehr-Johan Norbäck, Lars Persson, "Investment liberalization — Why a

restrictive cross-border merger policy can be counterproductive", *Journal of International Economics*, Vol.72, No.2, 2007, pp.366 - 380.

157. Peter J. Buckley, Jane Frecknall Hughes, "Incentives to transfer profits: a Japanese perspective", *Applied Economics*, Vol.33, No.15, December 2001, pp.2009 - 2015.

158. Peter J. Buckley, Jeremy Clegg and Chengqi Wang, "The Impact of Inward FDI on the Performance of Chinese Manufacturing Firms", *Journal of International Business Studies*, Vol.33, No.4, December 2002, pp.637 - 655.

159. Peter J. Buckley, Mark Casson, "The Multinational Enterprise Revisited: The Essential Buckley and Casson", *Palgrave Macmillan*, 2010.

160. Philippe Aghion, Peter Howitt, "A model of growth through creative destruction", *Econometrica*, Vol.60, No.2, 1992, pp.323 - 351.

161. Philippe Aghion, Christopher Harris, Peter Howitt, and John Vickers, "Competition, Imitation and Growth with Step-by-Step Innovation", *The Review of Economic Studies*, Vol.68, No.3, 2001, pp.467 - 492.

162. Philippe Aghion, Richard Blundell, Rachel Griffith, Peter Howitt, and Susanne Prantl, "The effects of entry on incumbent innovation and productivity", *The Review of Economics and Statistics*, Vol.91, No.1, 2009, pp.20 - 32.

163. Philippe Aghion, Xavier Jaravel, Wesley M. Cohen, and Daniel A. Levinthal, "Knowledge Spillovers, Innovation and Growth", *The Economic Journal*, Vol.125, No.583, March 2015, pp.533 - 573.

164. Pierre Azoulay, Joshua S. Graff Zivin, and Jialan Wang, "Superstar Extinction", *The Quarterly Journal of Economics*, Vol.125, No.2, May 2010, pp.549 - 589.

165. Ping Lin, Zhuomin Liu and Yifan Zhang, "Do Chinese domestic firms benefit from FDI inflow: Evidence of horizontal and vertical spillovers", *China Economic Review*, Vol.20, No.4, 2009, pp.677 - 691.

166. Pol Antràs, Mihir A. Desai, and C. Fritz Foley, "Multinational Firms, FDI Flows, and Imperfect Capital Markets", *The Quarterly Journal of Economics*,

Vol.124, No.3, August 2009, pp.1171 - 1219.

167. Pol Antràs, "Property Rights and the International Organization of Production", *American Economic Review*, Vol.95, No.2, May 2005, pp.25 - 32.

168. Pol Antràs, Stephen R. Yeaple, "Chapter 2 — Multinational Firms and the Structure of International Trade", *Handbook of International Economics*, Vol.4, 2014, pp.55 - 130.

169. Qing Liu, Larry D. Qiu, "Intermediate input imports and innovations: Evidence from Chinese firms' patent filings", *Journal of International Economics*, Vol.103, 2016, pp.166 - 183.

170. Qing Liu, Ruosi Lu and Chao Zhang, "The labor market effect of foreign acquisitions: Evidence from Chinese manufacturing firms", *China Economic Review*, Vol.32, 2015, pp.110 - 120.

171. Qing Liu, Ruosi Lu and Larry D. Qiu, "Foreign Acquisitions and Target Firms' Performance in China", *The World Economy*, Vol.40, No.1, 2017, pp.2 - 20.

172. Qing Liu, Ruosi Lu, "On-the-job training and productivity: Firm-level evidence from a large developing country", *China Economic Review*, Vol.40, September 2016, pp.254 - 264.

173. Qing Liu, Yi Lu, "Firm investment and exporting: Evidence from China's value-added tax reform", *Journal of International Economics*, Vol.97, No.2, 2015, pp.392 - 403.

174. Richard Harris, Catherine Robinson, "Foreign Ownership and Productivity in the United Kingdom Estimates for U. K. Manufacturing Using the ARD", *Review of Industrial Organization*, Vol.22, No.3, 2003, pp.207 - 223.

175. Robert C. Feenstra, Zhiyuan Li and Miaojie Yu, "Exports and credit constraints under incomplete information: Theory and evidence from China", *The Review of Economics and Statistics*, Vol.96, No.4, 2014, pp.729 - 744.

176. Robert Koopman, Zhi Wang and Shang Jin Wei, "Tracing Value-Added and Double Counting in Gross Exports", *American Economic Review*, Vol.104,

No.2, 2014, pp.459 - 494.

177. Roger Bandick, Holger Görg, "Foreign acquisition, plant survival, and employment growth", *The Canadian Journal of Economics*, Vol.43, No.2, May 2010, pp.547 - 573.

178. Sarianna Lundan, "Reinvested Earnings As a Component of FDI: An Analytical Review of the Determinants of Reinvestment", *Transnational Corporations*, Vol.15, No.3, 2006, pp.33 - 64.

179. Sea-Jin Chang, Jaiho Chung and Jon Jungbien Moon, "When do wholly owned subsidiaries perform better than joint ventures?", *Strategic Management Journal*, Vol.34, No.3, March 2013, pp.317 - 337.

180. Sengun Yeniyurt, Steven Carnovale, "Global supply network embeddedness and power: An analysis of international joint venture formations", *International Business Review*, Vol.26, No.2, 2017, pp.203 - 213.

181. Serguey Braguinsky, Atsushi Ohyama, Tetsuji Okazaki and Chad Syverson, "Acquisitions, Productivity, and Profitability: Evidence from the Japanese Cotton Spinning Industry", *American Economic Review*, Vol.105, No.7, July 2015, pp.2086 - 2119.

182. Shu Lin, Haichun Ye, "Foreign Direct Investment, Trade Credit, and Transmission of Global Liquidity Shocks: Evidence from Chinese Manufacturing Firms", *The Review of Financial Studies*, Vol.31, No.1, 2018, pp.206 - 238.

183. Sourafel Girma, "Absorptive Capacity and Productivity Spillovers from FDI: A Threshold Regression Analysis", *Oxford Bulletin of Economics and Statistics*, Vol.67, No.3, 2005, pp.281 - 306.

184. Sourafel Girma, Holger Görg, "Multinationals' Productivity Advantage: Scale or Technology?", *Economic Inquiry*, Vol.45, No.2, 2007, pp.350 - 362.

185. Stefanie A. Haller, "The impact of multinational entry on domestic market structure and investment", *International Review of Economics & Finance*, Vol.18, No.1, 2009, pp.52 - 62.

186. Stefano Iacus, Gary King and Giuseppe Porro, "CEM: Software for Coarsened Exact Matching", *Journal of Statistical Software*, Vol.1, No.9, 2009, pp.1-27.
187. Stefano M. Iacus, Gary King and Giuseppe Porro, "Causal inference without balance checking: Coarsened exact matching", Political analysis, Vol.20, No.1, 2012, pp.1-24.
188. Stephen J. Nickell, "Competition and Corporate Performance", *Journal of Political Economy*, Vol.104, No.4, 1996, pp.724-746.
189. Stephen Ross Yeaple, "Firm heterogeneity and the structure of U. S. multinational activity", *Journal of International Economics*, Vol.78, No.2, 2009, pp.206-215.
190. Thierry Mayer, Soledad Zignago, "Notes on CEPII's distances measures: The GeoDist database", *CEII Working Paper 2011-25*, December 2011, CEPII.
191. Thomas L. Brewer, "Government Policies, Market Imperfections, and Foreign Direct Investment", *Journal of International Business Studies*, Vol.24, No.1, October 1993, pp.101-120.
192. Timothy K.M. Beatty, Charlotte J. Tuttle, "Expenditure Response to Increases in In-Kind Transfers: Evidence from the Supplemental Nutrition Assistance Program", *American Journal of Agricultural Economics*, Vol.97, No.2, 2015, pp.390-404.
193. Vanessa Alviarez, Javier Cravino and Andrei A. Levchenko, "The growth of multinational firms in the Great Recession", *Journal of Monetary Economics*, Vol.85, No.3, January 2017, pp.50-64.
194. Vojislav Maksimovic, Gordon Phillips, "The Market for Corporate Assets: Who Engages in Mergers and Asset Sales and Are There Efficiency Gains?", *The Journal of Finance*, Vol.56, No.6, 2001, pp.2019-2065.
195. Volker Nocke, Stephen Yeaple, "Cross-border mergers and acquisitions vs. greenfield foreign direct investment: The role of firm heterogeneity", *Journal of*

International Economics, Vol.72, No.2, 2007, pp.336 - 365.

196. Witold J. Henisz, "The institutional environment for multinational investment", *The Journal of Law, Economics, and Organization*, Vol.16, No.2, 2000, pp.334 - 364.

197. Wolfgang Keller, Stephen R. Yeaple, "Multinational Enterprises, International Trade, and Productivity Growth: Firm-Level Evidence from the United States", *The Review of Economics and Statistics*, Vol.91, No.4, 2009, pp.821 - 831.

198. Yi Lu, Zhigang Tao and Lianming Zhu, "Identifying FDI spillovers", *Journal of International Economics*, Vol.107, 2017, pp.75 - 90.

199. Zheng Michael Song, Wei Xiong, "Risks in China's Financial System", *National Bureau of Economic Research Working Paper Series*, No.24230, 2018.

200. Zhi Wang, Shang-Jin Wei, Xinding Yu and Kunfu Zhu, "Measures of Participation in Global Value Chains and Global Business Cycles", *National Bureau of Economic Research Working Paper Series*, No.23222, 2017.

201. Zvi Griliches, Haim Regev, "Firm productivity in Israeli industry 1979 - 1988", *Journal of Econometrics*, Vol.65, No.1, 1995, pp.175 - 203.

图书在版编目(CIP)数据

外商直接投资对中国企业经营绩效的影响研究 / 杨超著 .— 上海：上海社会科学院出版社，2024
 ISBN 978-7-5520-4354-9

Ⅰ.①外… Ⅱ.①杨… Ⅲ.①外商直接投资—影响—企业绩效—企业管理—研究—中国 Ⅳ.①F832.6 ②F279.23

中国国家版本馆 CIP 数据核字(2024)第 067251 号

外商直接投资对中国企业经营绩效的影响研究

著　　者	杨　超
责任编辑	李玥萱　叶　子
封面设计	黄婧昉
出版发行	上海社会科学院出版社
	上海顺昌路 622 号　邮编 200025
	电话总机 021-63315947　销售热线 021-53063735
	https://cbs.sass.org.cn　E-mail:sassp@sassp.cn
排　　版	南京展望文化发展有限公司
印　　刷	上海盛通时代印刷有限公司
开　　本	710 毫米×1010 毫米　1/16
印　　张	14.25
插　　页	1
字　　数	187 千
版　　次	2024 年 4 月第 1 版　2024 年 4 月第 1 次印刷

ISBN 978-7-5520-4354-9/F·765　　　　定价：88.00 元

版权所有　翻印必究